G. Mayr

Adnotationes in Monographiam Formicidarum

Indo-Neerlandicarum

G. Mayr

Adnotationes in Monographiam Formicidarum Indo-Neerlandicarum

ISBN/EAN: 9783337059774

Printed in Europe, USA, Canada, Australia, Japan

Cover: Foto ©ninafisch / pixelio.de

More available books at **www.hansebooks.com**

Overgedrukt uit het Tijdschrift voor
Entomologie. (Dl. X. 1867.)

ADNOTATIONES

IN MONOGRAPHIAM FORMICIDARUM INDO-NEERLANDICARUM

D⟨re⟩. GUSTAVO L. MAYR.

Es ist wohl ein gewagtes Unternehmen, eine solche Arbeit zu schreiben, wenn man fast nur die Hälfte der Arten kennt, welche aus diesen Ländern bereits beschrieben worden sind; doch soll mich einerseits der bescheidene Titel dieser Abhandlung entschuldigen, so wie andrerseits der Umstand, dass ein sehr grosser Theil der vielen von Herrn Frederick Smith in London beschriebenen Arten in generischer Beziehung noch gar nicht gekannt ist.

Die Anregung zur Ausarbeitung dieser Abhandlung gab mein geehrter Freund Dr. Vollenhoven, welcher den Wunsch ausgedrückt hat, dass ich über die Formiciden des königlichen Museums zu Leyden, welche von mir durch dessen Güte grösstentheils untersucht worden sind, Mittheilung mache. Da die Ameisen dieses Museums vorzüglich aus den indo-niederländischen Colonien stammen, und da mir auch von den Museen zu Wien, Halle a/S. und Stockholm, so wie durch meinen hochgeschätzten Freund Dr. Sichel und durch meine Sammlung viel Materiale von diesen Inseln zur Untersuchung geboten war, so hielt ich es für zweckmaessig, die von mir untersuchten Ameisen der indo-niederländischen Colonien zu diagnosticiren (ohne mich allzu strenge an die politischen Grenzen zu halten), und dadurch Vorarbeiten zu einer späteren Bearbeitung der Formiciden dieser Inseln zu liefern. Viele mir unbekannte Arten sind wol noch von dorther beschrieben, doch dürfte sich deren Zahl verringern, wenn mir die geehrten

3

Entomologen Ameisen von diesen Inseln (unter der Adresse: Dr. G. Mayr, Wien III. Hauptstrasse 75) zur Untersuchung senden würden.

Von grossem Vortheile zu vorliegenden Studien waren mir viele Typen, welche ich Herrn Smith verdanke.

Ich sehe den Zweck dieser meiner Arbeit erreicht, wenn dadurch die Ameisen der australasiatischen Inseln genauer bekannt und einige Entomologen veranlasst werden, ihre von dorther stammenden Formiciden bestimmen zu können; gekrönt würde aber jene, wenn Herr Smith dadurch angeregt würde, bei dem reichen ihm zu Gebote stehenden Materiale eine dem jetzigen Stande der Myrmecologie entsprechende Monographie der Formiciden von Australasien zu schreiben.

Wien, den 18. September 1866.

———————

I. Subfamilia.

FORMICIDAE.

Mandibularum articulationes inter se distantes, in capitis angulis anticis. Petiolus uniarticulatus. Abdomen non constrictum inter segmentum primum et secundum, absque aculeo. Alae anticae cellula radialis clausa.

1. CAMPONOTUS, Mayr.

☿♀. Caput antice non truncatum. Palpi maxillares sex -, labiales quadri-articulati. Clypei trapezoidalis fossa separata a fossa antennali. Laminae frontales S litterae similes. Antennae 12-articulatae oriuntur remotae a clypeo; funiculi subfiliformis articulus primus brevior secundo et tertio. Operaria absque ocellis (aut tantum uno). Abdominis segmentum primum circiter longitudine secundi.

♂. Palpi, laminae frontales et clypei fossa ut in ☿ et ♀. Antennae 15-articulatae oriuntur remotae a clypeo. Area frontalis indistincta duplo latior quam longior. Frons fere plana. Petiolus cum squama erecta. Hypopygium non exsectum; genitalia minuta valvulis externis spinoideis

Alae anticae cellula cubitali, discoidali nulla

A. *Operariae thorax supra longitrorsum convexus, absque strictura.*

a. Tibiae pilis abstantibus.

1. G. GIGAS, Latr.

Operaria: Long. corp. 20—28 mm. Nigra, abdomine, petiolo infra, flagello tarsorumque apice castaneis, coxis et saepissime femoribus apud ♀ minorem ochraceis aut ferrugineis; dispersissime breviter pubescens, sat rufo-pilosa, tibiis pilis brevibus abstantibus; caput (ind. majoris cordiforme, maximum, latitudine 7 – 8 mm , ind. minoris oblongum, angustum, thorace paulo latius,) nitidum, subtilissime coriaceo-rugulosum et dispersissime punctulatum; mandibulae disperse punctatae, apud ♀ minorem insuper subtiliter coriaceo-rugulosae, apud majorem nitidae laeves, basi coriaceo-rugulosae; clypeus carinatus, antice in lobum emarginatum (ind. maj.) aut vix emarginatum (ind. min.) utrimque acutum productus; ♀ maj. ocello uno, ♀ min. absque ocellis; thorax subtiliter coriaceo-rugulosus, pronoto ♀ majoris partim punctato-ruguloso; squama modice minuta ♀ majoris incrassata, ovalis, marginibus rotundatis, ♀ minoris magis incrassata et compressa; abdomen, subopacum, subtiliter transverse rugulosum; pedum posteriorum tibiae et metatarsi quadrilatera, compressa, extus sulco longitudinali distinctissimo.

Borneo (Mus. Leyden et Mus. caes. Vienn.) Ins. Banka (Mus. Halle), Malacca (Mus. Holm.), Sumatra, India, China, Singapore, Java (sec. Smith).

---

1 Von dieser Gattung diagnosticire ich nur jene wenigen Arten, deren Bestimmung ich als sicher annehmen kann, während mehrere Species, welche ich von dieser Inseln untersucht habe, sich nach den vorhandenen Beschreibungen nicht sicher bestimmen lassen, so dass ich es vorziehe, dieselben indessen zu übergeben.

2. C. DORYCUS, Smith.

Operaria: Long. 15 —19 mm. Operaria major nigra, nitida, mandibulis apice obscure castaneis, flagello et tarsorum articulis quatuor apicalibus testaceo-rufis, coxis anticis, apice testaceo excepto, et femorum parte apicali castaneis, coxis posterioribus, trochanteribus atque femorum parte basali testaceis, tibiis et metatarsis fuscis, tarsis articulis quatuor ultimis testaceo-rufis; operaria minor obscure fusca, nitida, capite nigro, mandibulis apice ferrugineis, funiculo, coxis mediis et posticis, trochanteribus femoribusque basi rufo-testaceis, pedibus castaneo-rufis; sparse, abdomine densius, rufo pilosa, tibiis pilis abstantibus brevibus, sparsissime partim densius albido-pubescens; subtiliter coriaceo-rugulosa, genis insuper disperse et pronoto lateraliter acervatim punctato, abdomine transversim coriaceo ruguloso; operariae majoris caput magnum, cordiforme, postice latum, operariae minoris elongatum, angustum, antice latissimum, postice sensim angustatum, margine postico brevi arcuatim emarginato; clypeus carinatus antice paulo productus; petioli squama ovalis supra emarginata.

Waigeoe (Mus. Leyd.) Dory. (sec. Smith.)

Die Arbeiter dieser Art sind den grösten Arbeitern von *C. variegatus* sehr änlich, doch durch die abstehend behaarten Schienen leicht zu unterscheiden.

3. C. EXASPERATUS, Smith.

Operaria: Long. 10—13.5 mm. Obscure ferruginea, opaca, nunnunquam capite et thorace maculis dilutis nigricantibus, scapo atque abdomine nigris, mandibulis (apice saepe excepto), tibiis metatarsisque fuscis aut nigricantibus; copiose et longe rufo pilosa, sparse et pallide pubescens; mandibulae rude et disperse punctatae, aut (☿ min.) insuper subtiliter coriaceo-rugulosae et opacae, aut (☿ maj.) nitidae et solummodo basi subtiliter coriaceo-rugulosa et opaca; caput subtriangulare subtiliter et densissime reticulato-punctatum, nec non antice disperse punctulatum; clypeus aut (☿ maj.) non carinatus, aut (☿ min.)

postice carina brevi, margine antico medio emarginato, thorax subtiliter et densissime reticulato-punctatus; petioli squama compressa, ovalis; abdomen delicatule dense transverse et acute coriaceo-rugulosum; pedes nitidi subtiliter et superficialiter coriaceo-rugulosi, metatarsis fortiter compressis et dilatatis.

Femina : Long. 15 mm. Quoad colorem, pilositatem et sculpturam operariae simillima ; caput opacum, thorax et abdomen tamen subtilius punctata et micantia, mesothoracis latera partim laevigata et nitida; petioli squama magis dilatata, latior quam altior; metatarsi ut in operaria.

Sumatra, Borneo (Mus. Leyd.), Celebes (Mus. Vienn.).

Diese Art hat mit dem amerikanischen *C. opaciceps* Rog. eine täuschende Ahnlichkeit, unterscheidet sich aber durch den nicht oder nur hinten kurz gekielten Clypeus, durch den an der Basis nicht compressen Fühlerschaft und die stark compressen und erweiterten Metatarsen, wärend bei *C. opaciceps* das Gegentheil der Fall ist.

4. C. GILVICEPS, Rog. (*F. ruficeps* Sm.)

Operaria : Long. 10 mm. Fusco-nigra aut nigro-fusca, nitida, capite cum funiculo tarsorumque apicibus rufis, mandibulis nigro-fuscis apice ferrugineo, scapo nigro (pronoto maculis 2 magnis et metanoto supra obscure ferrugineis); microscopice sparse pubescens, capite abdomineque pilis abstantibus nonnullis, tibiis pilis abstantibus copiosis at brevibus ; mandibulae disperse punctatae, basi subtilissime cinereo-rugulosae; corpus subtilissime et tenuissimo coriaceo-rugulosum, abdomine hoc modo transverse ruguloso et subtiliter disperse punctulato ; clypeus non carinatus, antice paulo productus; caput thorace latius, postice arcuatim excavatum; petioli squama ovalis.

Sumatra, Borneo (Mus. Leyden).

Herr Smith gibt bei der Beschreibung der Schuppe an : «ovate, its apex acuminate.» Das mir vorliegende Exemplar zeigt aber am obern Ende der Schuppe eine geringe Abnormität, indem die Spitze schief, obschon schwach, ausgerandet ist, so dass ich es unterlassen habe, in der Diagnose davon Erwähnung zu machen.

Im Museum zu Leyden findet sich aus Borneo ein Camponotus-

Weibchen mit einem angeklebten Kopfe. Dieser Kopf, welcher dem übrigen Körper vielleicht nicht angehört und auch keine Fühler hat, gehört ohne Zweifel einem ♀ von *C. gilviceps* an. Er ist röthlich gelb, glänzend, vorne etwas dunkler, mit roth braunen Mandibeln. Die Sculptur desselben ist ebenso wie beim Arbeiter, nur weicht die Form in soweit ab, dass er lang gestreckt, ohne Mandibeln lang-viereckig ist, ziemlich parallele Seiten hat und nur hinten unbedeutend breiter als vorne ist. Die starke, ziemlich eigenthümliche bogige Ausrandung des Hinterkopfes hat er so wie beim Arbeiter. Ohne Mandibeln ist der Kopf 3.1 mm. lang, hinten 3 mm. und vorne 2.5 mm. breit.

b. Tibiae sine pilis abstantibus.

3. C. PALLIDUS, Smith.

Operaria : Long. 7.5—8 mm. Flava, nitida, capite rufo testaceo, abdomine fuscescenti, mandibulis ferrugineis, tarsis ochraceis; corpus supra pilis abstantibus pallidis, pubescentia adpressa dispersissima; mandibulae disperse punctatae, et tenuissime coriaceo-rugulosae; caput et thorax tenuissime coriaceo-rugulosa, caput antice insuper indistincte disperse punctatum; clypeus obtuse carinatus, antice lobo producto margine transverso; petioli squama ovata margine superiore integro; abdomen tenuissime transversim rugoso striatum.

Femina : Long. 10—13 mm. Testaceo-rufa, nitida, mandibulis abdomineque castaneis, abdominis partis inferioris macula magna basali pedibusque rufo-testaceis, macula interocellari fuscescenti; caput ut in ♂, antice vero distincte disperse punctatum; thorax tenuissime coriaceo-rugulosus punctulis dispersis; petioli squama rotundato-trapezoidea, margine superiore aut integro aut paulo emarginato; abdomen tenuissime transversim rugoso-striatum punctis dispersissimis tenuibus; alae hyalinae, costis ochraceis.

Java (Mus. Holm.), Sumatra, Borneo, Celebes (Mus. Leyden et sec. Smith), Martabello, Timor, Batjan, Singapore (sec. Smith), Kar-Nicobar (Mus. Vienn.).

6. C. TINCTUS, Smith.

Femina : Long. 14 mm. Laete ochracea, nitida, mandibulis castaneis, vertice macula interocellari et marginibus segmentorum abdominalium supra nigris; sparse pilosa, dispersissime pubescens; subtiliter coriaceo·rugulosa et disperse punctulata, mandibulis fortius punctatis, scutello in medio laevigato; clypeus non carinatus margine antico recto, utrimque emarginato; petioli squama ovalis, integra; alae subhyalinae costis ochraceis.

Java (Mus. Vienn.), Birma (sec. Smith).

B. *Operariae thorax supra strictura transversa inter mesonotum et metanotum; tibiae copiose abstante pilosae.*

7. C. SINGULARIS, Smith (*senilis* Mayr).

Operaria : Long. 13—17 mm. Nigra, capite aut omnino nigro, aut nigro maculis 2 obscure ferrugineis, aut omnino ferrugineo, mandibulis aut ferrugineis aut fusco-nigris, antennis nigris; pilis longis abstantibus pallidis copiose vestita; caput sparsissime, thorax, antennae, pedes petiolusque modice, abdomen dense pilis tenuibus adpressis aurichalceis nitidis pubescentia; mandibulae nitidae disperse punctatae; caput operariae maj. magnum cordiforme, dense et subtiliter reticulato-punctatum, operariae minoris elongato-ovatum postice angustatum, in collum angustum con· strictum, dense et subtiliter reticulato-rugoso-punctatum; clypeus carinatus, antice in lobum brevem productus; thorax denso et subtiliter reticulato-rugoso-punctatus, elongatus, inter mesonotum et metanotum fortiter constrictus, antice rotundato-elongatus, metanoto longitrorsum et transversim convexo, duplo longiore quam latiore; petioli squama supra nodo subsemigloboso; abdomen densissime et subtiliter rugoso·punctatum.

Java (Mus. Halle et Leyden), Sumatra (M. Leyd.), Borneo (M. Vienn.), Singapore (sec. Rog.).

8. C. LAEVISSIMUS, Smith. (*Formica laevissima* Sm.)

(Fig. 1.)

Operaria : Long. 8 mm. Nigra, nitidissima, mandibularum parte apicali tarsisque castaneis, femoribus tibiisque plus minusve fuscis; pilis longis abstantibus albicantibus copiose pilosa, pubescentia adpressa nulla; laevis, mandibulis disperse punctatis, insuper subtilissime coriaceo-rugulosis et ante apicem rude striato-rugosis, metanoto atque abdomine subtilissime et superficialiter transversim rugulosis; clypeus parum convexus, haud carinatus, antice non productus; caput rotundato-triangulare, postice nonnihil arcuatim emarginatum; thorax deplanatus, antice latus, inter mesonotum et metanotum fortiter constrictus, metanoto depresso, quadrangulo, longiore quam latiore, marginibus rotundatis; petiolus supra paulo pone medium nodo rotundato-transverso, planitia antica obliqua trapezoidali, antice infra angustiore quam postice supra. (Secundum exemplum typicum Dom. Smith.)

Gilolo (Mus. Leyden), Aru (Coll. Mayr), Waigeoe, Batjan (sec. Smith).

Trotz der eigenthümlichen Körperform kann diese Art nur zur Gattung *Camponotus* gestellt werden, indem die vom Clypeus entfernten Fühlergelenke, die schwach S-förmig gekrümmten Stirnleisten, der trapezförmige Clypeus, die von einander getrennte Schild- und Fühlergrube, die 12gliedrigen Fühler, der Mangel der Punktaugen, der Hinterleib, dessen erstes Segment nicht den halben Hinterleib bedeckt, diese Art dahin verweisen. Dr. Roger hatte sie mit Unrecht zu *Colobopsis* gestellt, da der Kopf nicht die massgebenden Merkmale zeigt und derselbe viel eher mit manchen *Polyrhachis*-Arten einige Ähnlichkeit hat.

2. POLYRHACHIS, Shuckard.

☿ ♀. Camponoto simillimae, thorax et petiolus saepissime spinosi; abdominis segmentum primum, secundo longius, obtegit ad minimum dimidiam abdomis partem.

♂ Camponoto simillimus, sed laminae frontales magis approximatae; frons convexa a parte anteriore ad posteriorem; abdominis segmentum primum fere dimidiam aut ad minimum tertiam abdominis partem obtegit.

Alae anticae cellula cubitali una et discoidali nulla.

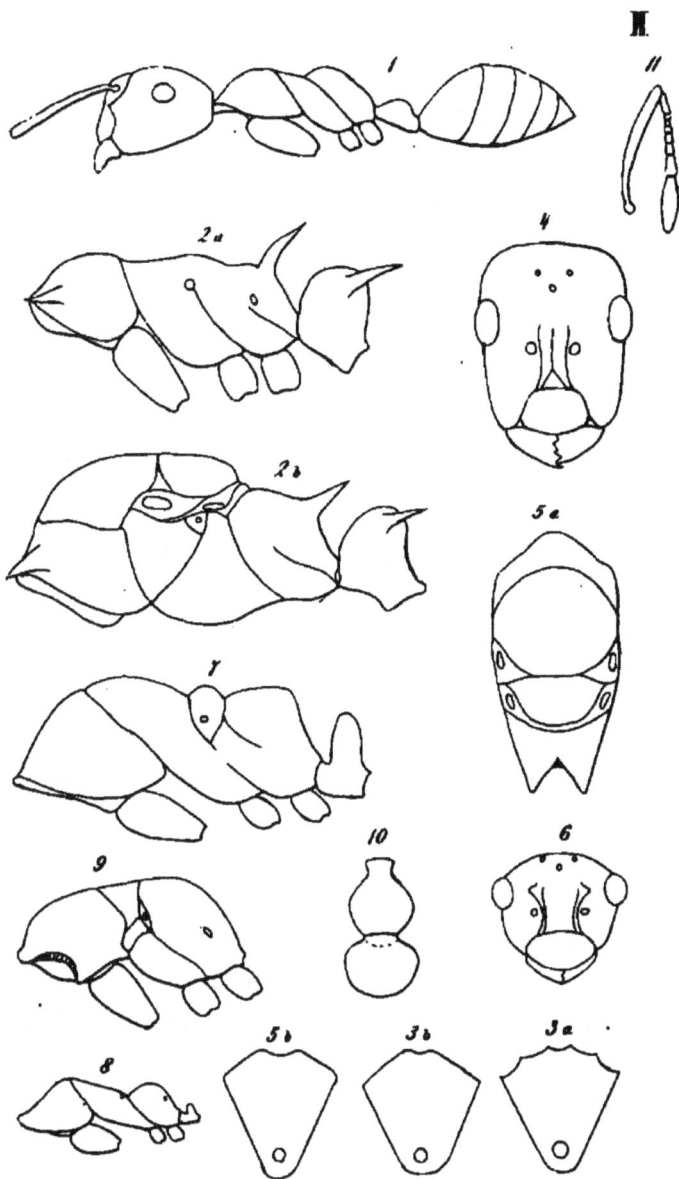

Das Bestreben, die vielen Arten dieser Gattung zu gruppiren, ist ein ganz Begreifliches, um eine bessere Uebersicht über die grosse Anzahl derselben zu erhalten und die Bestimmung zu erleichtern. Ich habe mich schon mehrmals eifrigst bemüht, diess zu Stande zu bringen, doch stets scheiterte mein Bestreben dadurch, dass die Weibchen, von welchen bisher wol nur wenige bekannt sind, keine Gruppirung zulassen. Ich muss daher noch darauf Verzicht leisten, solche Gruppen aufzustellen, bei welchen auf die Weibchen die entsprechende Rücksicht genommen ist, so dass sich die Gruppencharaktere fast nur auf die Arbeiter beziehen, und jene Arten, von welchen nur Weibchen bekannt sind, anhangsweise beschrieben werden.

I. Turma : Rastellata.

♀ Caput infra carinis duabus longitudinalibus percurrentibus. Thorax supra longitrorsum et transversim fortiter convexus, supra lateraliter haud marginatus; pronotum inerme aut bidentatum; sutura pro-mesonotalis deleta; metanotum absolute inerme; petioli squama bi - aut quadridentata; corpus nitidissimum

1. P. RASTELLATA, Latreille.

Operaria et *Femina*: Long. ♀ 3 - 6 mm., ♀ 7.3 mm. Nigra, pedibus plus minusve ferrugineis, subnuda; mandibulae delicatule striato-rugulosae et disperse punctatae; corpus tenuissime coriaceo-rugulosum, nitidissimum, caput antice, apud feminam etiam mesonotum insuper dispersissime punctatum, meso- et meta-thoracis latera saepe fortius rugulosa; clypeus margine antico medio paulo producto emarginato et bidentato; thorax inermis; petioli squama quadridentata, dentibus 2 mediis acutioribus et paulo longioribus; tibiae basi paulo angustatae.

Ceram, Mysole Ceylon (Coll. Mayr), Boeroe, Waigeou, Celebes, Batjan (sec. Smith).

2. P. GLOBULARIA, nov. spec.

Operaria: Long. 5.3 mm. *P. rastellatae* Latr. proxima, differt solummodo pronoto bidentato, petioli squama dentibus 2 erectis, margine superiore arcuato medio emarginato.

Java (Mus. Halle).

II. Turma: Armata.

☿ Thorax saltem pronoto et mesonoto convexis et supra lateraliter haud marginatus; pronotum bidentatum aut bispinosum; metanotum bispinosum; sutura meso-metanotalis deleta aut valde indistincta. Petiolus spinis duabus, nonnunquam insuper denticulis 2 intermediis.

3. P. sexspinosa, Latreille.

Operaria: Long. 13—14 mm. Nigra, femoribus saepe castaneofuscis, dense aurichalciter sericeo-pubescens et copiose pilosa; mandibulae basi dense et subtiliter, medio et apice disperse et rudius punctatae; caput elongatum postice colliforme constrictum (margine postico utrimque subbidentato-laminato), antice nitidum et subtiliter punctatum, medio longitudinaliter striato-rugosum, vertice postice subtiliter rugoso et irregulariter grosse punctato; thorax praesertim lateribus rude at haud profunde reticulatorugosus, inter pronotum et mesonotum paulo constrictus; pronotum spinis duabus longis acutis obliquis deorsum curvatis; mesothorax infra utrimque dente retrorsum directo; metanotum spinis duabus longis erectis acutis et rectis; petiolus cubiconodiformis, postice altior, spinis duabus subrectis valde divergentibus, postice directis, abdomen subtiliter punctulatum.

Femina: Long 17 mm. Quoad colorem, pubescentiam, sculpturam, capitis et abdominis formam operariae simillima; pronotum spinis duabus porrectis, paulo divergentibus, vix curvatis, fortioribus; metanotum spinis duabus longis, subhorizontalibus, vix curvatis; petiolus cubico-nodiformis spinis duabus curvatis, valde divergentibus, postice directis, haud longis; alae infuscatae costis fuscis.

Gilolo (a Dom. Sichel in Coll. Mayr, Mus. Leyden), Ins. Philipp. (Mus. Vienn), India, Sumatra, Java, Waigeoe, Aru, Mysole, Dory (sec. D. Smith), Waigeoe (Sichel).

4. P. RUGIFRONS, Smith.

Operaria : Long. 11—12 mm. Nigra, coxis, femoribus, saepe etiam tibiis partim rufo-testaceis, mandibulis margine masticatorio ferrugineo; subtiliter flavide pubescens et haud copiose pilosa; mandibulae disperse punctatae basi insuper tenuissime striolatae; caput elongatum postice colliforme constrictum; antice nitidum et subtiliter punctatum, postice irregulariter rugosum; thorax rude et irregulariter reticulato-rugosus, inter pronotum et mesonotum laeviter constrictus; pronotum spinis 2 longis acutis extrorsum et paulo antrorsum directis, apice paulo antrorsum curvatis; mesotharax infra utrimque post pronoti angulum lamina paulo prominenti, metanotum spinis 2 longis divergentibus, curvatis, sursum et paulo retrorsum directis; petiolus cubico-nodiformis, postice altior, spinis 2 longis curvatis, valde divergentibus, retrorsum et extra directis; abdomen subtiliter punctulatum. (Secundum exempl. typ.)

Ceram (Coll. Mayr), Amboina (Mus. Leyden), Celebes, Salawatti (sec. Smith).

5. P. SPINOSA, nov. spec.

Fig. 2.

Operaria : Long. 11—12 mm. Nigra, unguiculis calcaribusque anticis rufescentibus; ferrugineo-pilosa, capite antice, thorace supra, petiolo supra et postice, abdomine pedibusque tenuiter cinereo-pubescentibus; mandibulae disperse punctatae nitidae, basi insuper tenuissime at dense striolatae; caput elongatum postice colliforme constrictum; clypeus, genae et frons tenuiter atque superficialiter reticulato-punctata, genae et frons insuper disperse rudius punctatae; spatium inter genam et antennae articulationem curvatim longitudinaliter rugoso-striatum; vertex et capitis latera rude et irregulariter reticulato-rugosa; thorax, inter pronotum et mesonotum laeviter constrictus, rude et irregulariter reticulato-rugosus, mesonoto supra et metanoti parte basali laevioribus; pronotum spinis 2 acutis paulo curvatis, oblique extra et antrorsum directis; mesothorax infra utrimque post pronoti angulum lamina indistincta; metanotum spinis 2 longis suberectis et paulo retrorsum directis, a latere visis paulo sigmoïdeis ; petiolus cubico-nodiformis supra et lateraliter irregulariter rugosus, postice reticulato-punctatus, spinis 2 subparallelis subrectis, oblique retrorsum et sursum directis; abdomen tenuiter punctulatum.

Femina: Long. 14 mm. Nigra, unguiculis calcaribusque anticis rufescentibus, femoribus obscure ferrugineis ; tenuiter cinereopubescens et ferrugineo-pilosa ; caput ut in Operaria ; pronotum rude reticulatim rugoso-punctatum, spinis 2 fortibus, haud acutis, vix curvatis, antrorsum et vix extra directis ; mesonotum tenuissime reticulato-rugolosum et insuper rude et disperse, lateraliter vero dense, punctatum ; scutellum et metanoti pars basalis tenuissime et dense reticulato-punctulata et insuper punctis magnis dispersis ; metanoti pars declivis et ejusdem latera rude reticulato-rugosa ; metanotum spinis 2 fortibus paulo divergentibus, oblique sursum et retrorsum directis, a latere visis paulo sigmoïdeis ; petiolus ut in Operaria, at spinis distincte divergentibus ; abdomen tenuiter punctulatum.

Halmaheira (Mus. Leyden).

Die Arten *P. sexspinosa*, *rugifrons*, *spinosa* und *bubastes* (von Waigeoe) sind mit einander sehr nahe verwandt. P. bubastes und spinosa haben ausserhalb den Fühlergelenken grobe Längsrunzeln, welche bei P. sexspinosa und rugifrons fehlen, P. sexspinosa und bubastes haben senkrecht stehende Metanotumdornen, wärend diese bei P. rugifrons und spinosa schief nach oben und hinten gerichtet sind. P. sexspinosa hat eine reichliche fast goldgelbe lange anliegende Pubescenz, wärend bei den 3 anderen Arten dieselbe kurz und viel feiner ist, P. sexspinosa und bubastes haben jederseits am mesothorax hinter der Pronotumecke einen nach rückwarts gerichteten Zahn, wärend bei P. spinosa und rugifrons nur eine Lamelle vorhanden ist. Nach Smith sollen die Zähne am Hinterhauptloche bei P. sexspinosa vorhanden sein, bei P. bubastes aber fehlen, welche Augabe unrichtig ist, denn Smith's Type von P. bubastes hat ebenfalls diese lamellenartigen Zähne.

6. P. CLEOPHANES, Smith.

Operaria: Long. 7.5 mm. Nigra, femoribus tibiisque ferrugineis, genubus tarsisque nigricantibus; haud copiose pilosa et tenuiter albido-pubescens; mandibulae nitidae disperse punctatae, et partim valde superficialiter atque disperse subtilissime striolatae; clypeus indistincte et superficialiter punctulatus, medio carinatus, margine antico medio paulo emarginato; laminae frontales postice valde triangulariter dilatatae; vertex, genae et capitis latera rudissime rugoso-punctata, caput extra antennarum articulationes rude longitudinaliter rugosum, postice post oculos rotundatum; thorax et petiolus rudissime rugoso-punctati, pronotum spinis 2 oblique antrorsum et extra directis, paulo deorsum curvatis, metanotum spinis 2 longis paulo divergentibus, sursum et paulo retrorsum directis paulo retrorsum curvatis; petiolus subcuboideus, supra antice angulis 2 dentiformibus, postice spinis 2 acutis divergentibus, paulo curvatis oblique retrorsum et paulo sursum directis; abdomen subtilissime punctulatum; tibiae ad basem attenuatae. (Secundum exempla typica.)

Colebes (Coll. Mayr).

Diese Art ist durch die grossen dreieckig-erweiterten Stirnleisten besonders ausgezeichnet, sonst aber mit der Nächstfolgenden nahe verwandt, mit welcher sie insbesondre durch die am Grunde stark verschmälerten Tibien der Mittel- und Hinterbeine übereinstimmt.

7. P. EXASPERATA, Smith.

Operaria: Long. 5.5 mm. Nigra, nitida, capitis parte antica cum mandibulis, funiculo et plus minusve pedibus ferrugineis; corpus sparse, pedes vero densius, pilosa, clypeus et genae pubescentia adpressa haud densa; mandibulae nitidae sublaeves punctis nonnullis dispersis; capitis pars antica sublaevis, postica rude reticulato-punctata; clypeus antice non emarginatus; thorax rudissime reticulato-punctatus, supra longitrorsum et transverse convexus, antice spinis 2 longis valde divergentibus et paulo curvatis, postice spinis 2 longioribus mediocriter divergentibus, paulo curvatis; petiolus subcuboideus valde reticulato-punctatus, spinis 2 longis crassis curvatis, abdominis basim circumcingentibus; abdomen valde nitidum laeve; tibiae ad basim attennuatae. (Sec. ex typ.)

Celebes (Coll. Mayr).

8. P. ARMATA, Le Guillou (*pandarus* Smith.)

Operaria et *Femina*: Long. ☿ 8—10 mm., ♀ 12—13 mm. Opaca, nigra, abdomine saepissime obscure ferrugineo; nuda, abdomine pilis minutissimis adpressis albis valde dispersis; caput, thorax et petiolus rude reticulato-punctata, interstitiis subtiliter reticulato-punctatis; mandibulae subtiliter at densissime striatae; abdomen uniformiter subtilissime et densissime reticulato-punctatum; pedes etiam hoc modo at minus uniformiter punctati; clypeus margine antico emarginato et bidentato; pronotum spinis 2 longis rectis horizontalibus, valde divergentibus; metanotum spinis 2 longis divergentibus obliquis et rectis; petiolus subcubicus, supra antice angulis 2 dentiformibus, postice spinis 2 longis acutissimis obliquis, valde divergentibus, paulo curvatis; alae feminae infuscatae.

Java, Sumatra, Borneo (Mus. Leyden et Halle), Ins. Luçon, Siam (Coll. Mayr), Celebes (Mus. Vienn.), Singapore (sec. Smith).

9. P. TRISTIS, nov. spec.

Operaria: Long. 9 mm. Opaca, nigra, mandibularum margine masticatorio castaneo; pilis adpressis minutissimis albis valde dispersis, absque pilis abstantibus; dense et subtiliter reticulato-punctata, mandibulis subtiliter dense striatis et dispersissime punctatis; clypeus margine antico medio paulo emarginato; pronotum dentibus 2 trigonis acutis lateralibus; metanotum spinis 2 longis, rectis, subparallelis, oblique sursum et retrorsum directis, metanoti pars basalis duplo latior quam longior, lateraliter a spinarum basi terminata, metasterni latera dente magno obtuso; petiolus rotundato-cuboideus, antice rotundatus, postice spinis 2 valde divergentibus paulo curvatis, retrorsum et extra directis, margine supero inter spinas denticulis 2 minutissimis; tibiae et metatarsi non compressa.

Java (Mus. Leyden).

Diese Art ist mit der Folgenden sehr nahe verwandt, und unterscheidet sich durch die Zähne des Pronotum, durch den kurzen Basaltheil des Metanotum, durch das vorne ganz gerundete Stielchen und durch die nicht compressen Tibien und Metatarsen.

10. P. PHYLLOPHILA, Smith.

Operaria: Long. 9—10 mm. Opaca, nigra, abdomine aut nigro aut obscure ferrugineo; pilis appressis minutissimis albis, valde dispersis, sine pilis abstantibus; dense et subtiliter reticulato-punctata, mandibulis subtiliter dense striatis et dispersissime punctatis; clypeus margine antico medio emarginato; pronotum spinis 2 longis acutissimis rectis obliquis horizontalibus; metanotum spinis 2 longis rectis oblique sursum et retrorsum directis, metanoti pars basalis quadrangularis, longior quam latior, utrimque carina terminata; petiolus cuboideo-nodosus angulis anticis rotundatis, postice spinis 2 gracilibus, valde divergentibus, paulo curvatis, retrorsum et extra directis; pedum posteriorum tibiae et metatarsi compressa. (Sec. ex. typ.)

Java, Sumatra, Pagowat (Mus. Leyden), Celebes (Coll. Mayr et Mus. Leyden).

11. P. PRESSA, Mayr.

Operaria: Long. 10 mm. *Pol. phyllophilae* proxima differt abdomine fere polito, nitidissimo, nudo, clypeo antice haud emarginato et petioli squama compressa (haud cuboideo-nodosa).

Femina: Long. 12 mm. Nigra, nuda, opaca, abdomine nitidissimo, fere polito; caput et thorax dense et subtiliter reticulato-punctata, hic antice dentibus 2 triangularibus, acutis, postice spinis 2 obliquis validis; petioli squama spinis 2 longis curvatis; pedes subtiliter coriaceo-rugulosi, tibiis et metatarsis pedum posteriorum planatis, latis et pressis; alae parum infuscatae costis brunneis.

Java (Mus. Vienn. et Mus. Leyden), Sumatra (Mus. Leyden).

12. P. AMANUS, Smith.

Operaria: Long. 6.5 mm. Nigra, mandibularum et antennarum

apicibus pedibusque anticis ferrugineis, pedum anticorum coxis
apice et femoribus basi ochraceis; subnuda, abdomine pilis adpressis, microscopicis, albis, valde dispersis; mandibalae nitidae
tenuiter dense striolatae et disperse punctatae; caput subtilissime
coriaceo-rugulosum, nitidissimum; clypeus non emarginatus; thorax reticulatim punctato-rugosus, supra longitrorsum et transverse convexus, antice spinis 2 longis, horizontalibus, obliquis,
paulo curvatis, postice spinis 2 longissimis, valde divergentibus,
subrectis, acutis; petioli squama supra spinis 2 longis, gracilibus,
curvatis et acutis; abdomen nitidissimum, sublaeve (microscopice
coriaceo-rugulosum); tibiae ad basim attenuatae. (Sec. ex typ.)
Celebes. (Coll. Mayr).

13. P. BICOLOR, Smith.

Operaria : Long. 7 mm. Nigra, mandibulis, antennis, abdomine pedibusque, tarsis exceptis, testaceo-rufis aut ferrugineis;
adpresse albido-pubescens et pilis tenuibus abstantibus albicantibus; mandibulae nitidae disperse puntulatae; caput, thorax ac
petiolus ruguloso-reticulato-punctata, thorax supra longitrorsum
et transversim convexus, antice spinis 2 gracilibus acutis, oblique
antrorsum et extra directis, postice spinis 2 paulo brevioribus,
parallelis, gracilibus et rectis; petioli squama spinis 2 subrectis,
valde divergentibus, acutis; abdomen tenuissime ruguloso-punctulatum; tibiae ad basim paulo attenuatae.

Femina : Long. 8—10 mm. Quoad colorem, sculpturam et
pilositatem operariae simillima; pronotum dentibus 2 lateralibus
acutis extra directis, metanotum spinis 2 brevibus gracilibus;
petioli squama spinis 2 divergentibus; tibiae ad basim indistincte
attenuatae; alae paulo infumatae, pterostigmate fusco, costis
ochraceis.

Ternate, Birma (sec. Smith), Ins. Philipp. (coll. Mayr et
Mus Holm.)

14. P DIVES , Smith.

Opereria: Long. 5.5—5.8 mm. Nigra, paulo aenescenti-micans,
pilis abstantibus nonnullis, pilis adpressis flavidis nitidis copiose

at haud dense pubescens; mandibulae tenuiter striolatae et disperse punctatae; caput, thorax et petiolus subtiliter, abdomen subtilissime reticulatim rugoso-punctata; clypeus margine antico medio emarginato et bidentato; thorax longitrorsum paulo, transversum fortiter convexus inter pronotum et mesonotum paulo impressus, antice spinis 2 acutis, haud longis, rectis, horizontalibus, postice spinis 2 paulo longioribus, divergentibus et fere sursum directis; petioli squama supra medio denticulis 2 minutis et extus spinis 2 longis gracilibus, abdominis basim circumcingentibus; tibiae ad basim indistincte attenuatae. (Sec. ex. typ.).

Femina : Long. 7.6 mm. Quoad colorem et sculpturam operariae simillima ; pronotum dentibus 2 lateralibus, acutis; metanotum spinulis fortibus brevibus ; squamae petiolaris spinae breviores quam in operaria ; abdomen pubescentia nitida aeneoflavescento sericea et densa vestitum ; alae subhyalinae costis fuscis.

Mas : Long. 6.8 mm. Niger, mandibulis fuscis; fere absque pilis abstantibus, pubescentia flavescenti haud densa ; mandibulae subtilissime coriaceo-rugulosae punctis nonnullis dispersis, apice bidentatae; caput subtiliter reticulato-punctatum ; clypeus margine antico medio anguste emarginato; thorax subtiliter reticulatim ruguloso-punctatus, inermis, metanoto convexo declivi; petiolus nodo crasso subquadrato, supra medio paulo impresso; abdomen subtilissime coriaceo-rugulosum, nitidum ; alae paulo infuscatae, pterostigmate et costis ochraceis.

Ins. Moluce. (Coll. Sichel), Ceram (Coll. Mayr), Java (Mus. Leyden et Holm.), Borneo (Mus. Leyden), Siam (Mus. Halle), Ins. Philipp. (Mus. Vienn.), Singapore, Batjan (sec. Smith), Malacca, China (Mus. Holm).

15. P. ARGENTEA, Mayr.

Operaria: Long. 6 mm. *P. divii* simillima, nigra, pedibus partim ferrugineis; subtiliter rugoso-punctata, sericeo-micans, pubescentia argentea densa; thorax crassus antice spinis 2 validis, porrectis, postice spinis 2 validioribus, rectis, extrorsum directis;

squama spinis 2 fortissimis curvatis, abdominis basim circumcingentibus.

Pagowat (Mus. Leyden), Timor (Coll. Sichel), Gilolo (Coll.
Mayr a D. Sichel), Manilla (Mus. Vienn.), Siam (Mus. Halle).

III.   Turma : Bihamata.

§. Excellens mesonoto armato spinis 2 curvatis et vertice ocellis
uno aut tribus; pronotum spinis 2 curvatis; metanotum denticulis
2 obtusis saepe indistinctis. Petiolus spinis 2 longis erectis fortiter
uncinatis.

16.   P. bihamata, Drury.

. *Operaria :* Long 10 mm. Rufa, capite, antennis, thoracis et
et petioli spinis apice, abdominis parte apicali, geniculis, tibiis
atque tarsis nigris aut nigricantibus; aureo-sericeo-pubescens,
pilis flavis abstantibus copiose instructa; vertex ocello unico;
pronotum cornubus 2 fortiter extrorsum et postice versus curvatis, post cornua sine carina; mesonotum spinis 2 curvatis
parellelis.

Sumatra, Java, Borneo (Mus. Leyden et Halle), Singapore
(Coll. Mayr a D. Smith), India, Celebes, Ceram, Waigeou,
Batjan, Doree (sec. Smith).

17.   P. bellicosa, Smith.

Operaria : Long. 8 – 9 mm. *P. bihamatae* simillima; rufa aut
ferruginea, capite, antennis, thoracis et petioli spinis apice, abdomine, geniculis, tibiis atque tarsis nigris; subtiliter flavescente
pubescens, supra aut sine pilis abstantibus aut tantum paucis
texta; vertex ocellis tribus; pronotum spinis 2 minoribus oblique antrorsum et extrorsum directis ac haud fortiter deorsum
curvatis, post spinas supra disco deplanato, quadrato, utrimque
carina longitudinali terminato; mesonotum spinis 2 curvatis parallelis (Sec. ex typ.).

Sumatra (Mus. Leyden), Gilolo, Waigeou, Ceram, Aru (Coll.
Mayr a Smith et Sichel), Ins. Morotai (sec. Smith).

Diese Art welche ich früher für eine Varietat von P. bihamata gehalten habe, unterscheidet sich von dieser durch die geringere Grösse, den ganz schwarzen Hinterleib, die viel feinere anliegende Behaarung, durch den gänzlichen oder fast völligen Mangel der abstehenden Haare an der Oberseite des Körpers, und durch die Pronotum-Dornen, welche kleiner sind, mith ihrer Basalhälfte schief nach vorne und aussen gerichtet sind, wärend die Endhälfte abwärts (nicht wie bei P. bihamata rückwärts) gekrümt ist.

IV. Turma: Ammon.

⚥. Thorax quadrilaterus, elongatus, supra marginibus lateralibus acutis aut obtusis; pronotum muticum aut obtuse bidentatum; sutura pro-mesonotalis distinctissima; mesonotum aut quam longum tam latum, aut paulo latius quam longius; sutura mesometanotalis distincta aut vix visibilis; metanotum bidentatum aut bispinosum, parte basali subquadrata.

18. P. CHARAXUS, Smith.

Operaria: Long 6 mm. Nigra, petiolo, abdomine pedibusque obscure fuscis, mandibulis funiculisque ochraceis; fere absque pilis abstantibus, pilis adpressis minutissimis dispersis; mandibulae subtilissime striolatae punctis nonnullis; caput micans tenuiter et dense reticulatum (superficialiter reticulato-punctatum); clypeus carinatus margine antico medio emarginato et bidenticulato; thorax micans tenuiter et dense reticulatus, mesonotum insuper longitudinaliter striolatum; pronotum subbidentatum; mesonotum supra rotundato-trapezoideum; metanotum parte basali subquadrata, postice paulo angustiori dentibus 2 erectis; petioli squama nitida spinis 2 rectis, divergentibus, erectis, gracilibus et acutis; abdomen modice nitidum, tenuissime transversim coriaceo rugulosum; pedes graciles. (Sec. ex typ.)

Batjan (Coll. Mayr), Singapore (sec. Smith).

19. P. FRAUENFELDI, Mayr.

Operaria: Long. 8—9.5 mm. Nigra, funiculi tarsorumque apicibus testaceis; fere nuda, opaca, dense et subtiliter reticulato-punctata, abdomine subtilissime transversim ruguloso et nitido;

thorax sine marginibus acutis; pronotum atque melanotum bidentata; petiolus nodosus supra spinis 3, medio longo, lateralibus
brevibus.

Femina: Long. 10.5 mm. Operariae quoad colorem, pubescentiam, sculpturam, capitis ac petioli formam simillima; pronotum
dentibus 2 triangularibus; melanotum declive dentibus modice
approximatis, depressis, obtusis, metanoti pars basalis convexa
sicut pars declivis haud marginata; alae paulo infuscatae, pterostigmate fusco et costis ochraceis.

Mas: Long 7—7.5 mm. Nigra, abdomine pedibus partim,
apicibus mandibularum et funiculorum brunneis; caput et thorax
reticulatim rugulosa aut leviter punctata; abdomen nitidum,
subtilissime reticulatim rugulosum; thorax et petiolus mutici,
hic nodiformis.

Java (Mus. Vienn.).

20. P. THRINAX, Rog. *var.* JAVANICA *m.*

Operaria: Long. 5.5 mm. Ferruginea, funiculi parte apicali
pallidiori; non pilosa (pilis nonnullis capitis et abdominis partis
inferioris exceptis) et haud pubescens; mandibulae punctulis dispersis et rugulis subtilissimis nonnullis; clypeus carinatus margine
antico bidenticulato; caput, thorax et petiolus subtiliter at dense
reticulato-punctata; pronotum dentibus 2 trigonis; melanotum
spinis 2 gracilibus, erectis, parallelis; petiolus nodiformis supra
spinis 3 gracilibus, subaequilongis, erectis, paulo postice directis
et rectis; abdomen nitidum subtilissime coriaceo-rugulosum.

Java (Mus. Holm).

Das mir vorliegende Exemplar, welches beim ersten Anblicke
mit einer kleinen unausgefärbten P. Frauenfeldi sehr viele Ähnlichkeit hat, weicht wohl etwas von Roger's Diagnose ab, doch
scheint est mir, dass das Exemplar dennoch zu dieser Art gehört
und etwa nur eine Varietät derselben bildet. So schreibt Dr. Roger
bei P. thrinax, dass «die Dornen des Metanotum etwas nach
oben gerichtet sind,» wärend sie bei dem javanischen Stücke
senkrecht sind, ferner dass «die Schuppe einen spitzigen Mittel-
dorn und 2 viel kürzere Seitendornen hat,» wärend bei dem

von mir untersuchten Exemplare der mittlere Dorn nur um Weniges länger ist als die seitlichen Dornen.

21. P. LATIFRONS, Rog.

Operaria: Long 4—5 mm. Nigra, opaca, tibiis anticis nonnunquam ferrugineis; corpus cum pedibus longe flavo-albido-pilosum, albido-, abdomine pallido-flavescenti pubescens; caput et thorax rugulosa, hic antice latior quam medio et postice, supra paulo convexus, marginibus lateralibus acutis horizontalibus; pronotum lateraliter aut rotundatum aut utrimque denticulo obtuso instructum; metanotum spinis 2 longis, paulo curvatis, distantibus, modice divergentibus, retro et paulo sursum directis; abdomen (pilis remotis) nitidum et subtiliter punctatum. (Partim sec. diagn. Rog.)

Java (Mus. Holm), Ins. Bintang (sec. Roger).

Den 2 von mir untersuchten Stücken fehlt zwar der Kopf, doch stimt der übrige Körper so genau mit Roger's Diagnose überein, dass dieselben zweifellos zu dieser Art gehören.

V. Turma: Relucens.

☿. Thorax quadrilaterus, supra marginibus 2 lateralibus acutis, bis profunde emarginatis; pronotum bispinosum; mesonotum minime duplo latius quam longius; metanotum aut inerme aut bidentatum; mandibulae striatae.

♀ Metanoti pars basalis marginibus lateralibus distinctis et saepe margine postico distincto.

a. Petioli squama distincte aut indistincte bidentata.

22. P. MEROPS, Smith.

Fig. 3.

Operaria: Long. 12 mm. Nigra, femoribus et nonnunquam abdomine rufis; copiose pilis abstantibus flavidis, capite, thorace, petiolo et abdomine dense, antennis pedibusque minus dense (mandibulis absque) pubescentia adpressa, aurea, nitida oblectis; corporis sculptura propter pubescentiam invisibilis; pronotum

spinis 2 porrectis, acutis, parum divergentibus; metanotum
inerme a basi ad apicem (oblique) declive; petioli squama margine superiore arcuatim rotundato, acuto, utrimque a dente distincto aut indistincto terminato, medio plerumque emarginato,
utrimque inter medium et dentem nonnunquam denticulo obtu-
sissimo. (Sec. ex. typ.)

Celebes (Coll. Mayr, Mus. Leyden), Batjan (sec. Smith).

Nach Entfernung der reichlichen Pubescenz zeigt sich eine
dichte fingerhutartige Punktirung. Die Abbildung der Schuppe
im Journ. Linn. Soc. Zool. Vol. V. Suppl. Pl. 1. fig. 17 weicht
so bedeutend von der Type ab, welche ich von Herrn Smith
erhalten habe, dass es zweckmässig sein durfte, unter fig. 5 a
die Schuppe dieser Type und unter fig. 5 b die eines Exemplares vom Museum zu Leyden abzubilden,

23. P. ORSYLLUS, Smith.

Operaria : Long. 5.8—7 mm. Nigra, tibiis plus minusve
ferrugineis, pubescentia tenuissima, sericea, cinerea, absque pilis
abstantibus; caput crassum longitudinaliter rugoso-seriatum, clypeus carinatus vero dense punctatus, margine integro; thorax
longitudinaliter rugoso-striatus, metanoti parte declivi rugoso-
punctata; pronotum spinis 2 porrectis, horizontalibus, paulo divergentibus; metanotum denticulis 2 erectis, parte basali lata
trapezoidali, postice margine acuto, parte declivi longitrorsum
concava, lateraliter a dentibus usque ad spiraculos marginata;
petioli squama margine superiore arcuatim curvato, acuto,
utrimque dente minuto acuto terminato, abdomen dense et
subtiliter reticulato punctatum. (Sec. ex. typ.)

Celebes, Ceram (Coll. Mayr).

24. P. AURICHALCEA, Mayr.

Femina : Long. 8.5 mm. Nigra, copiose aurichalciter pubescens, pilis abstantibus sparse, abdomine densius, pilosa; subtiliter punctato-rugulosa, abdomine subtilissime et densissime
punctato; clypeus margine antico integro; pronotum utrimque
carina longitudinali in dentem indistinctum obtusum dilatata;

metanoti pars basalis trapezoidalis, margine postico distincto, denticulis 2 erectis; petioli squama trapezoideo-ovata, dentibus 2 lateralibus horizontalibus acutis et margine superiore arcuatim rotundato, subacuto; pedes pilis abstantibus nonnullis tenuibus [1].
Java (Mus. Vienn.).

b. **Petioli squama supra spinis 2 et lateraliter dentibus 2, nonnunquam dente medio inter spinas.**

25. P. RELUCENS, Latreille.

Operaria: Long. 10 mm. Nigra, femoribus tibiisque aut rufis aut nigris; copiose pilosa, antennae vero pedesque absque pilis abstantibus, pilis adpressis flavidis copiose pubescens; caput propter pubescentiam indistincte longitudinaliter rugosum; clypei margo anticus integer; thorax rugulosus, marginibus lateralibus dilatatis et paulo elevatis; pronotum spinis 2 acutis, porrectis, divergentibus; metanotum inerme, declive, parte basali parte declivi breviore et absque margine postico distincto, parte declivi lateraliter haud marginata; petioli squama bispinosa et bidentata, scilicet supra spinis 2 erectis parallelis, lateribus utrimque dente triangulari externe directo; abdomen dense et subtiliter reticulato-punctatum.

Gilolo (Mus. Leyden), India, Java, Borneo (sec. Rog. et Smith).

26. P. DECIPIENS, Rog.

Operaria: Long. 9.5 mm. *P. relucenti* proxima differt metanoto ad basim magis elevato, parte basali longitrorsum magis convexa postice bidentata, parte declivi magis perpendiculari, lateraliter haud marginata, petioli squama bispinosa et tridentata, scilicet margine superiore spinis 2 distincte divergentibus et dente mediano, marginibus lateralibus omni dente oblique sursum et extra directo.

Coloniae indo-neerland. (Mus. Leyden), Batjan (sec. Roger).

---

[1] In meinen « Myrmecologischen Studien » pag. 684 (36) ist bei dieser Art das Zeichen «☿» zu streichen, und dafür «♀» zu setzen.

27. P. SERICATA, Guérin.

Operaria: Long. 9.5 mm. Nigra, dense flavido-pubescens, abdomen vero fere absque pilis adpressis, thorax copiose, caput et abdomen parcius pilosa, tibiae pilis abstantibus brevioribus; caput et thorax subtilissime punctata, pubescentia obtecta; abdomen nitidissimum, fere laeve (subtilissime coriaceo-rugolosum); thorax formae *Pol. decipientis*, marginibus lateralibus vix elevatis, pronoti disco non excavato, metanoto inermi parte basali breviore, parte declivi lateraliter haud marginata; petioli squama bispinosa et bidentata, scilicet supra spinis 2 erectis divergentibus et lateraliter utrimque dente triangulari extra directo.

Mysole (Coll. Mayr a D. Smith), N. Hebridae (sec. Guérin). Martabello, Boero, Timor, Waigeou, Aru, Doree, Nov. Hebrid. (sec. Smith).

28. P. MAYRI, Rog.

Operaria: Long. 9--9.5 mm. Nigra, pubescentia adpressa pallide cinereo-sericea et pilis abstantibus copiosis pilosa; corpus rugoso-punctatum a pubescentia obtectum, caput insuper paulo longitrorsum rugulosum; thorax supra usque ad metanoti partis basalis marginem posticum distinctum longitrorsum et paulo transversim convexus, utrimque margine acuto haud elevato; pronotum spinis 2 porrectis divergentibus, metanotum parte basali trapezoidali parte declivi paulo longiore, postice dentibus 2 erectis, parte declivi lateribus a dentibus ad spiracula distincte marginata; petioli squama quadrispinosa, scilicet spinis 2 superioribus erectis divergentibus longis et spinulis 2 lateralibus brevibus extra et paulo sursum erectis (nonnunquam margine superiore inter spinas longiores dente mediano).

Java (Mus. Halle), Sumatra (M. Halle), Ceylon, Siam (Coll. Mayr a D". C. A. Dohrn et Smith).

29. P. PROXIMA, Roger.

Operaria: Long. 9 mm. *P. Mayri* proxima differt pilis pedum paucis et brevibus, lamellis frontalibus magis approximatis, thorace angustiori, metanoto dentibus 2 obtusis haud erectis, parte basali subquadrata, parte declivi lateraliter haud marginata, petioli squama angustiori supra spinis 2 longioribus, lateraliter dentibus 2 biacuminatis.

Sumatra (Mus. Leyden), Ins Linga (sec. Roger).

30. P. OLENUS, Smith.

Operaria: Long. 8 mm. Nigra, pubescentia adpressa flavido-cinerea tenuissima, fere absque pilis abstantibus; dense et sub-tiliter ruguloso-punctata; thorax angustus usque ad partis meta-noti basalis marginem posticum distinctum laeviter convexus, marginibus lateralibus acutis haud elevatis; pronotum spinis 2 porrectis divergentibus; metanoti pars basalis quadrata parte declivi paulo longior, postice dentibus 2 erectis; petioli squama supra bispinosa, lateraliter bidentata, margine superiore arcuatim excavata. (Sec. ex. typ.)

Celebes (Coll. Mayr).

Diese Art steht der P. relucens sehr nahe, ist aber kleiner, die Pubescenz ist viel kurzer, fast weisslich und spärlicher, so dass die feinere Punktirung leicht gesehen werden kann, der Thorax ist schmäler, die Basalfläche des Metanotum ist quadra-tisch, die Seitenzähne der Schuppe sind kleiner und der obere Rand der Schuppe zwischen den Dornen ist gleichmässig bogig ausgebuchtet.

31. P. LYCIDAS, Smith.

Operaria: Long. 9 mm. Nigra, indistincte coerulescens, tenuis-sime argenteo-sericeo-pubescens, absque pilis abstantibus (solum-modo abdominis apice piloso); corporis sculptura propter pubes-centiam indistincte visibilis; caput antice, pro- et mesothoracis latera atque metanoti pars declivis subtiliter ruguloso-punctulata, caput postice, thorax supra et metathoracis latera delicatule longitudinaliter striato-rugulosa, abdomen densissime subtiliter punctatum; caput infra carinis 2 longitudinalibus percurrentibus (angulatis); clypeus haud carinatus margine antico medio emarginato; thorax supra usque ad metanoti partis basalis marginem posticum distinctum longitrorsum paulo convexus, marginibus lateralibus acutis haut elevatis; pronotum spinis 2 longis, acutis, porrectis, valde divergentibus; metanotum denticulis 2 minutis parte basali distinctissime trapezoidali parte declivi lateraliter haud marginata breviori; petioli squama supra , spinis 2 erectis, subparallelis et dentibus 2 lateralibus, margine superiore subrecto transverso.

Femina: Long. 12 mm. Nigra, pubescentia tenui albido-cinerea, absque pilis abstantibus (solummodo abdominis apice piloso); caput superficialiter et longitudinaliter striato-rugosum; clypeus subtiliter ruguloso-punctatus antice medio paulo productus et anguste emarginatus; thorax partim subtiliter longitudinaliter striato-rugulosus, partim tenuiter punctato-rugulosus; pronotum spinis 2 longis, porrectis, divergentibus; metanotum denticulis 2 indistinctis, parte basali subhorizontali trapezoidea, postice et lateraliter distincte marginata, parte declivi subverticali lateraliter haud marginata; petioli squama 3-acuminata, scilicet : supra dente mediano et spinis 2 rectis, erectis, divergentibus, lateraliter dente forti extra directo; abdomen subtilissime reticulato-punctatum; alae nonnihil infuscatae, costis fuscis.

Borneo (Mus. Leyden), Celebes (sec Smith).

52. P. VILLIPES, Smith.

Operaria: Long. 10 – 11 mm. Nigra, copiose pilis abstantibus longis fuscis pilosa, pubescentia adpressa pallide aureo-sericea, abdomine vero sine pubescentia; caput et thorax punctata, abdomen laeve et nitidum; thorax supra a capite usque ad petiolum convexus, transversim planus; pronotum spinis 2 porrectis divergentibus; metanotum parte basali quadrato-trapezoidea parte declivi longiore, margine postico indistincto, dentibus 2 minutis erectis, parte declivi haud marginata; petioli squama supra spinis 2 erectis divergentibus longis et lateraliter dentibus 2 minutis.

Sumatra, Borneo (Mus. Leyden).

Diese Art ist mit *P. sericata* sehr nahe verwandt, aber durch die besonders an der Streckzeite der Beine reichliche Behaarung, durch die andere Form des Metanotum, durch die 2 Zähnchen am Metanotum, die längeren Dornen und kleineren Zähne der

Schuppe, so wie durch den glatten Hinterleib leicht zu unterscheiden.

33. P. STRIATA, Mayr.

Operaria: Long. 10 mm. Nigra, opaca, haud copiose pilosa, sparse, antennis abdomine pedibusque densius at microscopice flavido-pubescens; striata, inter strias subtiliter punctato-rugulosa, abdomine reticulato-punctato-ruguloso; thorax supra longitrorsum convexus, marginibus lateralibus haud elevatis; pronotum supra subquadratum, spinis 2 divergentibus; metanotum parte basali quadrato-trapezoidali parte diclivi longiori, margine postico recto, distincto, at haud acuto, denticulis 2 erectis, parte declivi lateraliter haud marginata; petioli squama supra spinis 2 longis, erectis, et lateraliter dentibus 2 extra directis.

Java (Coll. Mayr a Dr. Thorey, Mus. Vienn. et Mus. Leyden), Sumatra, Borneo (Mus. Leyden), Manilla (Mus. Holm.).

34. P. SCULPTURATA, Smith.

Operaria: Long. 10 mm. Opaca, nigra, nigro-pilosa, scapo pedibusque copiose longe nigro-pilosis, sparse et microscopice flavido-pubescens; caput antice micans dense rugoso-reticulato-punctatum clypeo insuper punctis nonnullis piligeris), postice longitudinaliter rugosum; thorax longitudinaliter rugulosus longitrorsum convexus, transversim planus, marginibus lateralibus, acutis, haud elevatis; pronotum spinis 2 longis, porrectis, acutis, divergentibus; metanotum indistincte bidentatum parte basali parte declivi longiori, margine postico indistincto, parte declivi rugoso-reticulato-punctata, lateraliter haud marginata; petioli squama bispinosa et bidentata, scilicet: supra spinis 2 erectis, longis, divergentibus, infra harum basim ad margines laterales denticulo triangulari; abdomen dense uniformiter reticulato-punctatum; pedes nitidi subtiliter coriaceo-rugulosi, tibiis insuper rude punctatis.

Timor, Celebes, Salawatti (sec. Smith), Siam (Mus. Halle).

Diese Art ist mit P. rugulosa und striata sehr nahe verwandt. Die Schuppe ist wie bei diesen beiden und die Divergenz der

Dornen halt zwischen diesen beiden die Mitte. Von P. striata ist sie besonders durch die Sculptur des Hinterleibes verschieden, und von P. rugulosa vorzüglich durch die schwarze Behaarung, ganz besonders durch die reichlichen schwarzen lanzen Borstenhaare am Fühlerschafte und an den Beinen, wärend P. rugulosa an diesen nur einzelne weissliche Borstenhaare hat.

c. Petioli squama spinis vel dentibus quatuor aequalibus aut subaequalibus.

35. P. striatorugosa, Mayr.

Operaria: Long. 10 mm. Nigra, opaca, antennarum apice tibiisque anticis ferrugineis; pubescentia nitida haud densa, flavida, copiose pilis abstantibus rufo-fuscis pilosa; longitudinaliter rugoso-striata, petioli squama irregulariter rugulosa, pedibus reticulato-punctatis; clypeus margine antico integro; thorax usque ad metanoti partis basalis marginem posticum acutum longitrorsum convexus, marginibus lateralibus haud elevatis; pronotum spinis 2 porrectis, non longis, divergentibus; metanotum dentibus 2 erectis, acutis, ejus pars basalis trapezoidea parte declivi longior, pars declivis concava, lateraliter marginata; petioli squama spinis 4 haud longis subaequalibus (lateralibus paulo brevioribus), margine superiore medio paulo elevato.

Femina: Long. 12 mm. Quoad colorem, pubescentiam, pilositatem sicut formam et sculpturam capitis, petioli et abdominis Operariae simillima; pronotum spinis 2 porrectis modice divergentibus, supra punctatum et satis divergenter striolatum, lateraliter dense longitudinaliter rugoso-striatum; mesonotum, scutellum et metanoti pars basalis longitudinaliter striata, meso-thoracis latera irregulariter, postice paulo longitudinaliter, rugosa, metanoti pars declivis haud striata, metathoracis latera longitudinaliter striato-rugosa; metanotum denticulis 2 erectis, parte basali margine postico acuto, parte declivi lateraliter marginata; alae longae paulo infuscatae pterostigmate fusco, costis ochraceis.

Java (Mus. Leyden et Halle, Coll. Mayr a D. Sichel), Celebes (Mus. Leyden), Birma (Mus. Vienn.)

36. P. RUFOFEMORATA, Smith.

Operaria: Long. 8.4 mm. Nigra, petioli squama, abdominis basi, coxis femoribusque (apice excepto) ferrugineis; sparse pilosa, caput et thorax copiose, abdomen et pedes minus dense flavescenti-pubescentia; caput subtiliter punctato-rugulosum, medio longitudinaliter striato-rugosum; clypeus margine antico rotundato, integro; pronotum spinis 2 porrectis longis acutis valde divergentibus; mesonotum supra subplanum, marginibus lateralibus paulo elevatis; metanoti inermis pars basalis brevis trapezoidalis transversim concava, absque margine postico, marginibus lateralibus subauriculatim elevatis, pars declivis longa, oblique descendens, transversim convexa, longitudinaliter recta, absque marginibus lateralibus; thoracis sculptura subtiliter punctato-rugulosa, propter pubescentiam indistincta; petioli squama sexangularis dentibus 4 triangularibus obtusis, aeque longe distantibus; abdomen subtiliter ruguloso-punctatum. (Sec. ex. typ.)

Ceram (Coll. Mayr), Amboina (Mus. Leyden), Ternate, Aru, Waigeou (sec. Smith).

37. P. CONVEXA, Roger.

Operaria: Long. 5.5—6 mm. Nigra, micans, delicatule cinereo-, abdomine flavescenti-pubescens, fere sine (abdominis parte posteriore cum) pilis abstantibus; caput antice punctato-rugulosum, postice longitudinaliter rugulosum; clypeus margine antico integro; thorax subtiliter ruguloso-punctatus in longitudinem valde convexus, in latitudinem leviter convexus; pronotum rectangulare latius quam longius, spinulis 2 brevibus divergentibus, porrectis; metanoti pars basalis trapezoidea margine postico indistincto, postice denticulis 2 suberectis, pars declivis parte basali subaequilonga; petioli squama antice et postice convexa, prope marginem superiorem transversim compressa, spinulis 4 minutis, scilicet: 2 superioribus et 2 lateralibus; abdomen subtiliter punctato-coriaceo-rugulosum. (Sec. ex. typ.)

Pagowat (Mus. Leyden), Ceylon (Coll. Mayr).

Das Exemplar aus Pagowat weicht von obiger Diagnose, welche nach einem typischen Exemplare von Dr. Roger entworfen ist, dadurch ab, dass es statt der Pronotum-Dornen starke ziemlich stumpfe, dreieckige Zähne, und statt der oberen Dörnchen an der Schuppe nur 2 Zähne hat. In dieser Beziehung stimmt es fast ganz mit P. punctillata Rog. überein, doch kann ich es nicht zu dieser Art, sondern nur zu P. convexa ziehen, weil es, wie diese, eine gelbliche und reichliche Pubescenz hat. Die Abweichung in Bezug der Dornen kann zu keiner specifischen Trennung hinreichenden Anlass geben, da solche Abänderungen bei der Gattung Polyrhachis öfters vorkommen.

VI. Turma : Abrupta. (*Hemioptica Roger.*)

♀ Excellens a ceteris turmis oculis processui angulari insidentibus, prorsis, margine externo acuto, vertice utrimque pone oculos carina longitudinali.

38. P. ABRUPTA, Mayr nov. spec.

Operaria: Long. 9.5—10 mm. Nigra, pubescentia densa aurichalcea, solummodo capite antice et abdomine postice pilis nonnullis, longis, abstantibus; mandibulae dense striatae et disperse punctatae; caput subtiliter punctato-rugulosum, vertice subtiliter longitudinaliter striato-ruguloso; clypeus carinatus margine antico integro; thorax quadrilaterus supra longitrorsum convexus subtiliter longitudinaliter striato-rugosus, marginibus acutis biincisis vix elevatis, lateribus ruguloso-punctatis; pronotum spinis 2 porrectis; mesonotum duplo latius quam longius; metanoti inermis pars basalis trapezoidalis a parte declivi non separatus, pars declivis haud marginata parte basali aequilonga; petioli squama supra lata, angulis 2 lateralibus dentiformibus; margine superiore arcuatim curvato, medio emarginato; abdominis sculptura longitudinaliter punctato-rugosa indistincta propter pubescentiam; pedes coriaceo-rugulosi.

_ Gilolo (Mus. Leyden et Coll. Mayr a D. Sichel).

Bei der Bearbeitung der Synopsis generum Formicidarum im Novarawerke war ich im Zweifel, ob ich die von Dr. Roger aufgestellte Gattung Hemioptica aufnehmen, oder als ein Synonym zu Polyrhachis stellen sollte. Da ich es aber in einem solchen dubiösen Falle stets für zweckmässiger halte, eine solche Gattung so lange bestehen zu lassen, bis mich gewichtige Gründe zur Einziehung berechtigen, so habe ich auch in diesem Falle meine Ansicht beibehalten. Die eben beschriebene Art P. abrupta stellt aber den Uebergang von Hemioptica zu Polyrhachis vollkommen her, denn bei dieser Art ist der Thorax vollkommen wie bei der Turma: *Relucens* gebildet und nur die eigenthümliche Augenstellung hat sie mit Hemioptica gemein. Uebrigens soll sich ja auch das Weibchen von Hemioptica nur durch die Augen von Polyrhachis unterscheiden. Eine Andeutung dieser Augenstellung findet sich übrigens auch bei manchen Polyrhachis-Arten der Turma: *Relucens*.

APPENDIX ad hoc genus.

59. P. regularis, Mayr. nov. spec.

Fig. 4.

Femina: Long. 12 mm. Nigra, pubescentia pallida valde dispersa, haud pilosa, excepto dimidio abdominis apicali; mandibulae striato-rugosae et punctatae; corpus dense et subtiliter reticulato-punctatum, abdomine microscopice reticulato-punctato; caput magnum, elongatum, quadrangulare (sine mandibulis), thorace paulo latius, postice leviter emarginatum; clypeus margine antico medio paulo emarginato; thorax compressus, subquadrilaterus; pronotum dentibus 2 rectangularibus obtusis; metanotum dentibus 2 magnis, horizontalibus, parallelis, retrorsum directis, parte basali trapezoidali inter dentes arcuatim emarginata, parte declivi parte basali longiore; petioli squama basi antice incrassata, trapezoidalis, supra modice dilatata, spinis 2 haud longis, modice curvatis, oblique extra, sursum et retrorsum directis, margine superiore semilunariter emarginato; alae paulo infuscatae, pterostigmate fusco et costis ochraceis.

Java (Mus. Leyden).

40. P. lugens, Mayr. nov. spec.

Femina: Long. 7 mm. P. *diviti* proxima; nigra, mandibularum margine masticatorio, flagello (basi excepta). laete, tibiis anticis obscure ferrugineis; sat dense microscopice flavido-sericeo-pubescens, fere sine pilis abstantibus; mandibulae subtiliter rugulosae et punctulatae; caput et thorax subtiliter reticulato-punctato-rugulosa; clypeus antice paulo productus, margine antico medio indistincte emarginato; pronotum inerme carinulis 2 longitudinalibus, lateralibus, indistinctis; metanotum spinulis 2 acutis divergentibus, oblique retro et sursum directis; petioli squama subtrapezoidalis, supra dilatata, bispinosa et bidentata, scilicet: spinis 2 lateralibus oblique extra sursum et retrorsum directis, margine superiore inter spinas dentibus 2 minutis approximatis; abdomen microscopice et densissime reticulato-punctatum; pedes subtiliter coriaceo-rugulosi; alae paulo infuscatae, pterostigmate et costis ochraceis.

Borneo (Mus. Leyden).

41. P. excisa, nov. spec.
Fig. 5.

Femina: Long. 10.5 mm. Nigra, mandibulis dimidio apicali, trochanteribus, femoribus dimidio basali, tarsorum apice et plus minusve tibiis ferrugineis, abdomine infra marginibus segmentorum rufescentibus; dispersissime pubescens, sine pilis abstantibus (solummodo abdomine infra pilis nonnullis); mandibulae disperse punctatae, basi subtiliter coriaceo-rugulosae, apice striatae; caput micans subtiliter striato-rugosum, antice insuper punctis dispersis minutis; clypeus coriaceo rugulosus, carinatus, antice lobo medio producto, profunde emarginato et acute bidentato; pronotum micans, subtiliter rugulosum, carinis 2 lateralibus longitudinalibus; mesonotum et scutellum subtiliter longitudinaliter striata et micantia; metanotum dentibus 2 magnis, latis, depressis, apice rotundatis, metanoti pars basalis subtiliter striata, pars declivis subtiliter coriaceo-rugulosa et nitida; thoracis latera rugulosa, postice striato-rugulosa; petioli squama subtrapezoidalis, supra dilatata, angulis lateralibus rectangularibus, margine superiore modice emarginato; abdomen et pedes modice nitida, subtiliter coriaceo-rugulosa:

Java (Mus. Leyden).

42. P. LAMINATA, Mayr. nov. spec.

Fig. 6.

Femina: Long. 8 mm. Nigra, paulo aenescens et mediocriter
nitida, tibiis ferrugineis; pilis abstantibus longis, pallidis copiose
pilosa, solummodo capite metanotoque pilis adpressis flavidis
nitidis pubescens; mandibulae striatae et disperse punctatae;
caput longitudinaliter rugosum; clypeus carinatus margine antico
medio emarginato; laminae frontales fortiter triangulatim dilatatae
et modice elevatae; thorax incrassatus; pronotum supra striatum
laminis 2 lateralibus, subcochlearibus, rotundatis, inter se carina
transversa conjunctis; mesonotum longitudinaliter striatum; scutellum divergenter et postice transverse striatum; metanotum
transverse striatum spinis 2 longis, validis, valde distantibus,
paulo divergentibus, subhorizontabibus, retrorsum directis; petioli
squama transverse striata spinis 2 validis ad basim extra et
paulo sursum directis, dein extra et retrorsum curvatis, abdominis basim circumcingentibus; abdomen subtiliter et superficialiter rugoso-reticulato-punctatum, punctis dispersis piligeris; tibiae
extus copiose et longe abstante pilosae; alae infuscatae costis
fuscis.

Coloniae indo-neerland. (Mus. Leyden).

Diese Art stimmt in Bezug der Stirnlamellen mit P. Cleophanes
überein, unterscheidet sich aber von derselben bedeutend durch
die anderen Merkmale.

5. ECHINOPLA, Smith.

♂ Palpi maxillares 5-, labiales 4-articulati. Laminae frontales
inter se distantes, dilatatae, margine externo curvato [1]. Antennae
12-articulatae oriuntur remotae a clypeo. Ocelli desunt. Petiolus
supra squama lata spinosa praeditus. Abdominis segmentum primum, multo longius secundo, obtegit dimidiam abdominis partem.

---

[1] Im Novarawerke hat sich in der Abtheilung: «Formicidae» pag. 7 bei der
Diagnose von Echinopla ein Schreibfehler eingeschlichen, indem es statt «concavae»
heissen sollte: «convexae».

a. Operariae thorax subcubicus sine strictura
et sutura.

1. E. MELANARCTOS, Smith.

Operaria: Long 6.5 mm. Nigerrima, mandibularum pedumque
apicibus obscure ferrugineis; frons, vertex, thorax et abdomen
supra stylis permultis longis piligeris obtecta; mandibulae rude
et disperse punctatae; clypeus et genae rude et longitudinaliter
striatae, pedes sublaevigati, tibiis extus longe et abstante nigro
pilosis.

Sumatra (Mus. Leyden), Borneo, Singapore (sec. Smith).

2. E. PALLIPES, Smith.

Operaria: Long 5.7 mm. Nigra, mandibulis, scapo pedibusque
ferrugineo-testaceis, funiculo castaneo; dense pilosa; mandibulae
nitidae punctis elongatis rudibus; caput et thorax stylis brevibus
basi pilis stellatis brevioribus apice pilo longo instructis; clypeus
et genae rude longitudinaliter striato-rugosa; abdomen vermicu-
latum. (Sec. ex. typ.).

Borneo, Celebes (soc. Smith).

Diese Art zeichnet sich durch die besonders am Thorax schö-
nen Stiften aus, welche an der Basis einen Haarkranz und am
Ende ein langes, abstehendes Haar tragen. Bei E. melanarctos
sind diese Stiften viel länger und nur sehr undeutlich mit einem
Haarkranze versehen.

b. Operariae thorax magis elongatus, suturis
distinctissimis, metanoto elevato.

3. E. STRIATA, Smith.

Operaria: Long 6—6.8 mm. Coeruleo-nigra, mandibulis, antennis pedibusque nigris, tarsorum apice castaneo; nigro-pilosa;
mandibulae rude et disperse striato-punctatae; caput longitudinaliter dense rugoso-striatum; thorax inter mesonotum et metanotum angustatus et constrictus; pronotum et mesonotum longitudinaliter rugoso-striata, utrimque stylis nonnullis brevissimis
piligeris; metanotum aut longitudinaliter striato-rugosum aut

irregulariter rugosum, antice transversim rugosum, lateraliter stylis brevibus piligeris; thoracis latera punctato-rugosa; sutura pro-mesonotalis angusta, laevis et nitida; abdomen aut nitidum et superficialiter longitudinaliter striatum, aut subopacum et acute striatum. (Sec. ex. typ.)

Ceram, Singapore (Coll. Mayr), Sumatra, Borneo, Celebes, Malacca (sec. Smith).

4. E. LINEATA, Mayr.

Operaria: Long. 5.5 mm. *E. striatae* simillima; nigra, tarsorum apice et saepe femorum basi brunneis; flavo-albido-et longe pilosa; caput, thorax et abdomen regulariter striato-lineata; clypeus oblique striatus; thorax marginibus lateralibus denticulatis stylis piligeris, lateribus longitudinaliter rugosis; sutura pro-mesonotalis haud laevis et indistincta.

Java (Mus. Vienn. et Mus. Holm.).

4. COLOBOPSIS, Mayr.

☿ ♀ Caput quadrangulare antice plus minusve oblique truncatum. Palpi maxillares 6-, labiales 4-articulati. Clypeus marginibus lateralibus parallelis aut subparallelis; clypei fossa separata a fossa antennali. Laminae frontales haud sigmoideae, subrectae, postice divergentes. Antennae 12-articulatae oriuntur remotae a clypeo. Operaria sine ocellis. Petiolus supra cum squama aut nodo. Abdominis segmentum 1. circa longitudine secundi. Alae anticae cellula cubitali una et discoidali nulla.

1. C. QUADRICEPS, Smith.

Fig. 7.

Operaria: Long. 7.5—8 5 mm. Nitida, nigra aut fusco-nigra, capite antice aut toto funiculoque ferrugineis, pedibus nigris aut fuscis, tarsorum apicibus rufo-testaceis; sparse abstante pilosa, pedibus sine pilis abstantibus; thorax et pedes pilis adpressis tenuibus; mandibulae disperse punctatae et microscopice rugulosae; caput et thorax subtilissime coriaceo-rugulosa et dispersissime punctulata; caput antice distinctissime oblique truncatum,

genis extra mandibularum articulationes angulo paulo producto;
clypeus planus, subrectangularis, longior quam latior; mesonotum
postice sulco transverso, suturae mesometanotali parallelo et
simili; metanotum parte basali transversim convexa, longitrorsum recta, aut subhorizontali aut retrorsum ascendenti, parte
declivi subverticali; petioli squama erecta, rotundata; abdomen
microscopice et valde superficialiter transversim coriaceo-rugulosum et dispersissime punctulatum; pedes subtilissime coriaceo-
rugulosi. (Sec. ex. typ.)

Femina: Long. 10 mm. Quoad colorem, pilositatem, sculpturam, capitis et petioli formam Operariae simillima, nitidissima,
thoracis sculptura subtiliori, petioli squama humiliori; alae ae-
qualiter modice infuscatae, costis fuscis. (Sec. ex. typ.)

Mysole, Aru (Coll. Mayr), Amboina (Mus. Vienn.), Ceram
(sec. Smith).

9. C. rubescens, Mayr.

Operaria: Long. 11 mm. Nigra, opaca, clypeo, genis, scapi
basi femoribusque partim rufescentibus, funiculo tarsisque ferrugineis; modice pilosa et pubescens; mandibulae punctatae; caput
antice fortiter oblique truncatum, rugis rudis longitudinalibus,
postice subtiliter punctatum; thorax irregulariter aut striato-rugosus; mesonotum postice sulco transverso, suturae meso-meta-
notali parallelo et simili, metanotum parte basali horizontali,
longitudinaliter recta, transversim convexa, parte declivi subverticali; petioli squama incrassata, quadrangularis, paulo altior
quam latior; abdomen subtilissime et densissime transversim
striatum; pedes nitidi, subtilissime coriaceo-rugulosi.

Femina: Long. 14 mm. Nigra, paulo virescenti-micans, mandibulis, clypeo antice, funiculo pedibusque obscure fuscis; sparse
pilosa (segmentorum abdominalium marginibus posticis serie
pilorum densa), pedibus sine pilis abstantibus; copiose flavido-
pubescens, capite antice sparse pubescenti; caput ut in Operaria;
thorax modice altus, rugoso-punctatus; petioli squama humilis,
incrassata, rectangularis, marginibus incrassatis et rotundatis;
abdomen magnum subtilissime et densissime transversim striatum

ac disperse punctulatum; pedes subtilissime coriaceo-rugulosi; alae subhyalinae costis fuscis.

Celebes (Mus. Vienn.).

3. C. PUNCTATICEPS, Mayr. nov. spec.

Femina : Long. 8 mm. Fusco-nigra, mandibulis ferrugineis, antennis pedibusque castaneis, pronoto fascia transversa postica scutelloque albido testaceis; corpus sparse, abdomen copiosius pilosa, pedes sine pilis abstantibus; caput haud, thorax copiose, pedes sparse, abdomen deuse flavido-pubescentia; mandibulae nitidae disperse punctatae; caput ovato-oblongum, thorace paulo latius, punctis ocellatis haud dense obtectum, paulo nitidum, antice vix truncatum; clypeus quadrangularis longior quam latior, marginibus lateralibus parallelis; thorax modice compressus, subtiliter ruguloso-punctatus, mesonoto nitido, antice haud dense punctato et parum pubescenti; scutellum nitidum; petioli squama erecta, rotundata, antice convexa, postice plana, marginibus incrassatis; abdomen subtiliter at acute rugulosum; pedes subtiliter coriaceo-rugulosi; alae subhyalinae costis ochraceo-testaceis.

Java (Mus. Leyden).

Es ist möglich, dass die weisslichen Stellen am Thorax nur unwesentlich sind und bei anderen Exemplaren vielleicht nicht vorkommen. Durch die eigenthümliche und gleichmässige Punktirung des vorne kaum gestutzten Kopfes ist diese Art sehr ausgezeichnet.

4. C. FASCIATA, Mayr. nov. spec.

Femina : Long. 8 mm. Rufo testacea, mandibulis, metanoto, petioli tarsisque apicibus rufis, scapo apice, macula interocellari et tibiis extus fuscis, metanoti macula postica, petioli lateribus et metatarsis nigricantibus, abdomine supra et lateraliter fusco-nigro, segmentorum marginibus posticis flavo-albidis, abdomine infra albido-testacco; sparsissime pilosa, vix pubescens, pedibus pilis adpressis dispersis brevibus; mandibulae nitidae, punctatae; caput rotundato-quadrangulare, subaequilatum, longius quam latius, antice vix truncatum, subopacum, subtiliter dense ruguloso-punctatum, insuper punctis magnis plurimis subocellatis valde superficialibus; clypeus subplanus, ovatus; thorax subtiliter coriaceo-rugulosus punctulis nonnullis, mesonoto et scutello subtilissime coriaceo-rugulosis et nitidis; petioli squama humilis, incrassata, latior quam altior, marginibus rotundatis; abdomen micans densissime et subtilissime ac acute transversim rastratum, segmento primo curvatim rastrato; pedes nitidi subtilissime coriaceo-rugulosi.

Java (Mus. Leyden).

Der Kopf ist durch die grossen flachen Punkte, in deren Mitte sich stets ein eingestochener Punkt vorfindet und die zwischen den grossen Punkten runzliche, sehr seine Punktirung ausgezeichnet, sowie auch die Sculptur des Hinterleibes auffallend ist, da dieselbe durch die sehr feinen parallelen und sehr dichten Linien dem Hinterleibe ein schimmerndes Aussehen verleiht, wie es gewöhnlich nur dann auftritt, wenn eine Körperober- fläche mit einer sehr zarten dichten Pubescenz bedeckt ist.

5. OECOPHYLLA, Smith.

☿ Palpi maxillares 5-, labiales 4-articulati. Fossa clypei separata a fossa antennali. Ocelli nulli. Antennae 12articulatae oriuntur remotae a clypeo, funiculi articulo basali paulo longiori secundo et tertio ad unum. Thorax in medio valde constrictus. Petiolus pedunculiformis quadrangulus sine squama.

♀ Clypeus subtrapezoidalis postice rotundatus, ejus fossa et antennae ut in Operaria. Petiolus supra cum squama parva nodiformi.

♂ Excellens pronoto minimo. Fossa clypei separata a fossa antennali. Antennae 13-articulatae, a clypeo remotae, funiculi articulo primo clavato fere longitudine secundi et tertii ad unum. Petiolus fere ut in Operaria.

Alae anticae cellula cubitali una et discoidali nulla.

1. O. smaragdina, Fabricius.

Operaria: Long. 8.5—9.5 mm. Ochracea, mandibularum margine masticatorio nigro; microscopice haud dense pallido-pubes-

cens et micans, sine pilis abstantibus, abdomine vero postice et
infra pilis abstantibus brevibus pallidis; mandibulae subtiliter et.
densissime striatae; caput et thorax densissime et subtilissime
punctata; abdomen sine sculptura distincta.

Femina : Long 15 mm. Aut ochracea, aut viridis et plus
minusve ochracea; subtiliter albido-pubescens, breviter et subtiliter pallido-pilosa, pedibus sine pilis abstantibus; subtiliter et
dense punctata, mandibulis subtiliter et dense striolatis et disperse punctatis.

Java, Halmaheira merid., et Soemalatta in Celebes (Mus.
Leyden et Holm.), Banka (Mus. Halle), Ins. Molucc. (Coll. Sichel),
Ceilon (Mus. Vienn. et Coll. Sichel), Singapore (Mus. Vienn.),
Cochinchina, Tranquebar (Coll. Mayr a D. Dohrn et Drewsen),
Bengalia (Mus. Holm.), Ins. Philipp., Malacca, Borneo, Gilolo,
Waigeou, Batjan, Doree, Mysole, Celebes, Aru, Timor, Australia
(sec. Smith), Sumatra (sec. Roger).

6. PRENOLEPIS, Mayr.

☿ ♀ Palpi maxillares 6-, labiales 4-articulati. Fossa clypei separata a fossa antennali. Antennae 12-articulatae oriuntur a
margine postico clypei. Laminae frontales rectae. Petiolus superne
cum squama.

♂ Mandibulae margine masticatorio acuto. Fossa clypei separata a fossa antennali. Laminae frontales brevissimae. Antennae
13-articulatae, funiculi articulis subaequalibus, primo et ultimo
longioribus. Petiolus supra cum squama crassa. Genitalium
valvulae angustissimae.

Alae anticae cellula cubitali una et discoidali nulla aut in-
complete clausa.

1. P. obscura, Mayr.

Operaria: Long. 2.6 — 3.5 mm. Nigro-fusca, nitida, mandibulis,
antennis pedibusque fuscis, funiculi apice et tarsis testaceis; delicatule non copiose pubescens, setis longis nigricantibus pilosa;
mandibulae longitudinaliter rugosae; caput atque thorax subtilis-

sime rugulosa; thorax brevis formae generis «Lasius»; squama cunciformis, quadrangularis; abdomen fere laeve.

Femina: Long. 4.5 mm. Colore Operariae, copiose pubescens et sparse pilosa; caput et thorax disperse punctata et rudius rugulosa quam in Operaria; abdomen modice dense et non tenuissime ruguloso-punctatum; alae fortiter infuscatae.

Batavia (Mus. Leyden), Sidney (Mus. Vienn.).

Die mir vorliegenden Exemplare aus Java unterscheiden sich von den australischen Stücken nur durch eine etwas lichtere Farbe und eine geringere Grösse (♀ 2.6—3 mm.).

2. P. LONGICORNIS, Latreille (*gracilescens* Nyl.).

Operaria: Long. 2.5—3 mm. Nigro-fusca, thorace saepe fuscolurido, antennis pedibusque plus minusve pallescentibus; flavide et sat longe setoso-pilosa; nitida, sublaevis, mandibulis 5dentalis, subtiliter striatis; antennae gracillimae corporis longitudine, scapo longissimo; thorax sublinearis, longus, inter mesonotum et metanotum impressione transversa laevi; petioli squama oblique antrorsum inclinata, rotundato-quadrangularis, abdomine oblecta.

Femina: Long. 5.5 mm. Fusca, antennis, coxis tarsisque flavis; dense pubescens sine pilositate erecta; mandibulae dense striatae; corpus subtilissime punctato-rugosum; squama parva antrorsum inclinata, abdomine oblecta.

Species cosmopolitica.

Dr. van Vollenhoven hatte die Freundlichkeit, mir über diese Art eine von Herrn Bernelot Moens gegebene Notiz einzusenden, in welcher bemerkt ist, dass sie bei Batavia sehr allgemein ist, meistens auf Bäumen, weniger in Wohnhäusern gefunden wird, dass sie ihre Nester unter Steinen anlegt, zu bestimter Jahreszeit in grosser Anzahl mit sehr viel feiner Erde hervorkomt und ihre Cocons mit sich führt. Stets fand Herr Moens in ihrer Gesellschaft eine kleine Blatta, die auch wieder mit den Ameisen verschwand; er hat nicht bemerkt, dass dieselbe den Ameisen feindlich sei.

7. PLAGIOLEPIS, Mayr.

☿ ♀ Palpi maxillares 6-, labiales 4-articulati. Antennae 11-articulatae oriuntur a margine clypei postico. Fossa clypei transit in fossam antennalem. Operaria sine ocellis. Metanotum et petioli squama mutica.

♂ Antennae 12articulatae. Funiculi articulus primus triplo longior secundo. Genitalium valvulae externae subcirculares, dente obtuso.

Alae anticae cellula cubitali una, discoidali nulla.

1. P. GRACILIPES, Smith.

(*Formica gracilipes* Smith, *Formica trifasciata* Smith).

Operaria: Long. 5.8—4.2 mm. Rufo-testacea, abdomine fuscescenti aut fusco, funiculis, tibiis tarsisque pallidis; sparse flavido-pilosa, thorace pedibusque nudis; nitida, subtilissime coriaceo-rugulosa; antennae sat corporis longitudine, gracillimae, scapo longissimo; caput elongatum thorace latius; thorax angustus, elongatus, pronoto longissimo longitrorsum recto, metanoto valde convexo; petioli squama nodiformis, lateraliter compressa; pedes longissimi, graciles. Differt a speciebus hujus generis praecipue corpore elongato, gracillimo, antennis pedibusque longissimis.

Femina: Long. 8—9 mm. Pallide ochracea, pronoti fascia, mesonoti vittis tribus, media abbreviata, metanoti vittis 2 abdomineque fuscis, segmentorum abdominalium marginibus late ochraceis, femoribus medio infuscatis; sparsissime pilosa, copiose, praesertim abdomine, subtiliter pubescens; mandibulae dense et subtiliter striatae; corpus propter pubescentiam indistincte subtilissimo rugulosum; petioli squama elevata, supra emarginata; alae infuscatae.

Java (Mus. Leyden), Hongkong (Mus. Vienn.), Ins. Nagivat (Coll. Godeffroy), Celebes, Aru, Singapore (sec. Smith).

Herr Bernelot Moens berichtet über diese Art aus Batavia, dass sie daselbst allgemein in Häusern lebt, Früchte und kleine todte Thiere benagt, ihre Colonien unter Steinen oder in Kisten anlegt, und kein eigentliches Nest baut, indem die Puppen beisammen ohne Bedeckung liegen.

Die 11-gliedrigen Fühler verweisen diese Art zu Plagiolepis, obschon der Arbeiter in der Körperform sehr erheblich von den anderen Arten dieser Gattung abweicht, wärend das Weibchen, von Herrn Smith als Formica trifasciata beschrieben, allsogleich durch den Habitus als Plagiolepis zu erkennen ist.

8. LASIUS, Fabricius.

☿ Mandibulae trigonae. Palpi maxillares 6-, labiales 4-articulati. Clypei fossa transit in fossam antennalem. Antennae 12articulatae oriunter a margine clypei postico; funiculi non clavati articuli 2—5 breviores et minores sequentibus. Area frontalis subtiliter impressa, duplo latior quam longior. Ocelli aut indistincti aut nulli. Petiolus cum squama erecta aut parum inclinata.

♀ Mandibulae, palpi, fossa clypei, antennarum articulationes et petiolus ut in ☿. Funiculi filiformis articuli 2—10 longitudine fere aequales. Area frontalis non acute impressa.

♂ Mandibulae trigonae. Antennae 13articulatae oriuntur a margine clypei postico. Laminae frontales breves, postice paulo divergentes. Area frontalis indistincta. Petiolus cum squama erecta aut suberecta. Hypopygium integrum. Genitalia parva valvulis externis deplanatis duplo longioribus quam basi latioribus, in apice rotundatis. Alae anticae cum cellula cubitali una.

1. L. familiaris, Smith.

(*Formica familiaris* Sm. Pr. Linn. Soc. V. Suppl. p. 68.)

Femina: Long. 10--10.5 mm. Flava aut rufescenti flava, micans, mandibulis flavis margine masticatorio fusco; dense pallide pubescens, tenuiter pilosa; mandibulae nitidissimae, disperse punctatae et valde superficialiter et subtiliter paulo striolatae, ad basim laeves; clypeus nitidus subtilissime punctulatus, margine antico late at parum emarginatus; area frontalis nitida; caput subtilissime ruguloso-punctulatum postice parum emarginatum; scutellum sublaevigatum, paulo nitidum; petioli squama parva, oblique fortiter antrorsum directa, ab abdomine obtecta, margine superiore paulo emarginato; abdomen antice supra petiolum productum, infra antice excavatione ad petiolum recipiendum; alae subhyalinae costis pallide ochraceis.

Mas: Long 5 mm. Testaceus, abdomine postice fuscescenti; subtiliter coriaceo-rugulosus, nitidulus; mandibulae margine masticatorio acuto, non denticulato; frons sulco frontali indistincto aut nullo, impressione transversa nulla; caput postice rotundatum; petiolus supra cum squama quadrangulari, latiori quam altiori, suberecta, antrorsum paulo nutanti, margine superiore recto transverso; tibiae pilis abstantibus dispersis; genitalium valvulae externae triangulares apice late rotundato; alae ut in femina.

Coloniae indo-neerlandicae (**Mus. Leyden**), Makassar (sec. Smith).

Vielleicht ist die 2. Formica familiaris Sm., welche Herr Smith in seinen Descriptions of Hym. Ins. coll. by Mr. Wallace in the Islands Bachian, Raisaa etc. beschreibt, der Arbeiter zu der oben beschriebenen Art.

Mit dieser Art gemischt fand ich in der Sammlung des Leydner-Museums noch eine 2. kleinere Lasius Art, von welcher mir aber nur das Männchen bekannt ist, wesshalb ich deren Beschreibung unterlassen habe.

9. HYPOCLINEA, Mayr.

☿ Palpi maxillares 6-, labiales 4-articulati. Clypeus rotundato-triangularis intersertus inter antennarum articulationes, margine antico depresso. Caput supra convexum. Antennae 12articulatae. Ocelli nulli. Thorax inter mesonotum et metanotum constrictus, metanoto cubico acute marginato aut bidentato. Petioli squama saepe dentata.

♀ Clypeus et antennae ut in Operaria. Caput sub-ovale, postice excavatum, supra convexum, in medio latissimum. Scutellum convexum.

♂ Clypeus ut in ☿ ♀. Antennae 15-articulatae. Metanotum

inerme. Petiolus nodiformis. Genitalia parva valvulis externis subcircularibus.

Alae anticae cellulis cubitalibus duabus.

1. H. BITUTERCULATA, Mayr. (*H. sellaris* Roger).

Operaria: Long. 5.2—5 mm. Fusco-nigra, mandibulis, antennis omnino aut solummodo funiculo, tarsis, metatarsis plerumque exceptis, et nonnunquam clypeo ferrugineis; albido-pilosa et pallide pubescens, mandibulae nitidae et dispersissime punctatae; caput subtiliter rugulosum et insuper partim subtilissime reticulato-punctatum; thorax rude et irregulariter rugulosus, inter mesonotum et metanotum sulco transverso profundo; mesonotum pronoto altius, longitrorsum convexum, saepe sulco longitudinali distincto aut indistincto et cum tuberculis 2 minutis); metanoti pars basalis parum convexa et retrorsum ascendens, margine postico transverso sub-acuto, pars declivis longitrorsum concava, supra verticalis; petioli squama ovalis paulo antrorsum inclinata; abdomen subtilissime coriaceo-reticulatum.

Celebes (Mus. Vienn.), Mysole (Coll. Mayr a D. Smith), Luçon (Coll. Mayr a D. Thorey), Borneo, Singapore (sec. Roger).

Den Exemplaren, nach welchen Dr. Roger seine H. sellaris beschrieben hat, fehlten die Längsfurche und die Höcker am Mesonotum, so dass sich Roger veranlasst sah, eine eigene Art aufzustellen. Ich besitze aber ein Exemplar, bei welchem diese Furche undeutlich ist und die Höcker fehlen, so dass dieses das Mittelglied zwischen H. bituberculata und sellaris bildet. Da beide durch kein weiteres Merkmal von einander unterschieden sind, so nehme ich nicht Anstand, sie zusammenzuziehen.

10. IRIDOMYRMEX, Mayr.

☿ Palpi maxillares 6-, labiales 4-articulati. Clypeus rodundato-triangularis intersertus inter antennarum 12-articulatarum articulationes, margine antico aut non depresso aut solum in medio. Caput deplanatum. Ocelli desunt. Thorax inter mesonotum et metanotum constrictus, metanoto gibbiformi sine dentibus et sine margine acuto. Petiolus cum squama erecta, non obtecta ab abdomine.

♂ Mandibulae deplanatae, angustae, margine masticatorio obliquo, acuto, antice dente valido. Clypeus vix intersertus inter antennarum articulationes, margine antico arcuato integro, postice sulco transverso. Antennae 15articulatae, scapo brevissimo, funiculi filiformis articulo basali crasso, subgloboso. Petiolus supra squamatus. Hypopygium non exsectum. Genitalium valvulae externae triangulares. Alae anticae cum cellulis cubitalibus duabus.

1. **I. EXCISUS, Mayr. nov. spec.**

Fig. 8.

Operaria: Long. 5.8 mm. Nitido-micans, castaneo-ferruginea, abdomine obscuriori, et iridescenti, scapi parte basali tarsisque pallidis; delicatule albido pubescens, sine pilis abstantibus; caput rotundato-triangulare (subcordiforme), subtilissime punctulatum; mandibulae disperse punctatae, apice latae dente apicali curvato; clypeus non carinatus, antice late emarginatus utrimque dente obtuso; area frontalis indistincta; thorax delicatule punctulatus et partim subtilissime coriaceo-rugulosus; pronotum et mesonotum ad unum longitrorsum valde convexa; metanotum valde convexum et gibbiforme; petioli squama erecta, ovata, integra; abdomen subtiliter coriaceo-rugulosum.

Femina: Long. 7.6—8 mm. Fusca, abdomine iridescenti, mandibulis, scapi parte basali tarsisque ferrugineis; caput atque thorax subtilissime punctulata, abdomen subtilissime punctato-coriaceo-rugulosum; capitis forma, mandibulae, clypeus et petioli squama ut in Operaria; alae subhyalinae costis ochraceis.

Coloniae indo-neerlandicae (Mus. Leyden).

Es ist möglich, dass diese Art mit Formica procidua Er. synonym sei, da die Beschreibung so ziemlich, obwohl nicht vollständig, übereinstimmt. Das Museum in Stockholm besitzt einen Arbeiter aus Sidney, welcher mit obiger Art vollkommen übereinstimmt, nur ist das Pronotum kürzer, vorne gar nicht vorgezogen, sondern stark abgerundet. Vielleicht gehört dieses Exemplar zu F. procidua Er.

11. TAPINOMA, Förster.

☿ ♀ Palpi maxillares 6-, labiales 4-articulati. Clypeus rotundato-
triangularis intersertus inter antennarum 12-articulatarum articulationes. Operaria sine ocellis. Operariae thorax inter mesonotum
et metanotum parum constrictus, metanoti mutici parte basali
brevissima, parte declivi plus duplo longiori. Petiolus cum
squama parva antrorsum nutanti, abdomine obtecta.

♂ Mandibulae trigonae, margine masticatorio lato dentato.
Clypeus ut in ☿ et ♀. Antennarum 13-articularum funiculus
articulis subaequalibus. Hypopygium profunde' exsectum. Genitalium valvulae externae cochleariformes.

Alae anticae cum cellula cubitali una.

1. T. nigrum, Mayr.

Operaria : Long. 2.4 mm. Nigra, mandibulis apiceque funiculi brunneis, tarsis testaceis; parce pubescens, fere sine pilositate; mandibulae subtilissime rugulosae punctis nonnullis; caput
atque thorax subtiliter rugulosa, abdomen vero subtilissime
coriaceo-rugulosum; clypeus antice delicatule emarginatus; thorax
post medium fortiter compressus, metanoti parte basali brevi.

Batavia (Mus. Leyden), Ceylon, Hongkong (Mus. Vienn.).

Herr Moens hat diese Art nebst Prenolepis longicornis und
obscura auf den Blüthen von Citrus decumana (Pompelmoes)
gefunden.

Bei den Arbeitern aus Batavia steckte auch ein nicht ausge-
färbtes Männchen, welches sicher hieherzugehören scheint. Es
ist nur 2.5 mm. lang, lichtbraun, die Mandibeln röthlich gelb,
die Fühler und Beine sind bräunlich gelb. Ueber die Behaarung
kann ich nichts Verlässliches angeben, da das Exemplar mit
Schmutz stark bedeckt war und daher mit Pinsel und Aether
so viel geputzt werden musste, dass dadurch wahrscheinlich die
feine Pubescenz verloren gegangen ist. Der Kopf ist sehr fein,
aber ziemlich scharf gerunzelt, das Mesonotum ist ziemlich undeutlich und äusserst fein und seicht fingerhutartig punctirt,
die anderen Theile des Thorax scheinen sehr fein gerunzelt zu
sein. Die Schuppe ist wie beim Arbeiter niederliegend und

glänzend, aber breiter oval und vorne stark abgerundet.   Der
Hinterleib ist sehr fein lederartig gerunzelt.

II. Subfam.

ODONTOMACHIDAE.

Mandibularum articulationes in ♂ ♀ se attingentes.
Petiolus uniarticulatus.   Abdomen cum aculeo.

12. ODONTOMACHUS, Latreille.

♂ ♀ Palpi maxillares 4-, labiales 3-articulati. Fossae antennales
curvatae, in fronte conjunctae. Vertex cum sulco longitudinali.
Capitis latera cum inpressione obliqua.   Petiolus supra cono
aculeato.

1. O. haematodes, Linné.

Operaria et *Femina:* Long. ♂ 8.3—10 mm., ♀ 10—12 mm.
Castanea aut fusca, funiculo pedibusque pallidioribus, abdomine
fusco-nigro, capite nonnunquam ferrugineo; sparsissime, abdomine sparse, pilosa, sparse pubescens; mandibulae margine
interno inermi, apice dentibus 3 brevibus obtusissimis; caput et
thorax densissime et subtiliter striata, abdomen vero subtiliter
coriaceo-rugulosum punctis dispersissimis piligeris, segmento primo
sublaevi; petioli spina recta, haud longa.

Asia: Java, Ternate, Amboina (Mus. Leyden et Holm.) Celebes
(Coll. Mayr a D. Smith) etc.; Australia; America.

Obige Diagnose dieser die Tropenländer bewohnenden Art
habe ich nur nach asiatischen Stücken entworfen; die amerikanischen Stücke weichen in der Färbung von den asiatischen oft
nicht unbedeutend ab.

2. O. saevissimus, Smith.

Operaria: Long. 15—16 mm. Ferrugineo-castanea, pedibus
ferrugineis aut flavis; subnuda; mandibulae margine interno

serrato, apice dentibus 2 longis et uno intermedio brevi; caput antice subtiliter et densissime striatum, postice et lateraliter laeve et nitidum; vertex pronoto latior; thorax subtiliter et dense transversim (pronoto arcuatim) striatus; petiolus spina longa; abdomen laevigatum, nitidum, punctulis nonnullis dispersissimis [1].

Coloniae indo-hollandicae (Mus. Leyden), Amboina (Mus. Vienn.), Batjan, Ceram, Celebes (sec. Smith).

5. O. latidens, nov. spec.

Femina: Long. 15 mm. Nitida, castanea, capite cum mandibulis et antennis ferrugineis, pedibus ochraceis, ad basim pallidioribus; subnuda pedibus nudis; mandibulae subtilissime coriaceorugulosae, ante apicem punctis nonnullis, margine interno integro, edentato, apice dentibus tribus, quorum basalis latissimus et late truncatus margine obtuso; fossa antennalis antice laevissima, postice sicut et frons dense striata; vertex laevis sulco longitudinali haud profundo; pronotum et metanotum transversim striata, mesonotum, scutellum, pronotum utrimque infra et mesothoracis latera laevia; petiolus supra cum cono gracili acute acuminato; abdomen laeve.

Java (Mus. Halle).

Diese Art ist durch den ungezähnten Innenrand der Mandibeln und den sehr breiten abgehackten Basalzahn an der Spitze derselben sehr ausgezeichnet. Die Beschreibung von O. rixosus Sm. stimmt wol ziemlich gut mit dieser neuen Art überein, doch macht Herr Smith von dem breiten Zahne der Mandibeln keine Erwähnung, was er wol nicht unterlassen hätte, wenn O. rixosus einen solchen Zahn haben würde. Bij O. cephalotes Sm. soll an den Mandibeln der Innenrand ungezähnt und der Basalzahn an der Spitze stumpf sein, doch ist die Sculptur von der der neuen Art ganz verschieden.

---

[1] Ich habe nicht die volle Gewissheit, dass ich die Art richtig gedeutet habe.

13. STENOMYRMEX, Mayr.

☿ Fossae antennales rectae, non conjunctae in fronte. Vertex impressione oblonga tenui sine sulco. Capitis latera impressione obliqua. Petiolus cum squama, aut cono aculeato aut bidentato.

1. S. GLADIATOR, Smith.

Operaria: Long. 9.5 mm. Rufo-castanea, nitida, funiculo pedibusque pallidioribus; sparse abstante pilosa, pedibus pilis abstantibus, haud pubescens; mandibulae margine interno acute serrato; caput laeve, fronte striolata; pronotum et mesothoracis latera laevia; mesonotum postice longitudinaliter —, metanotum transversim striata; petioli conus supra spina acuta, erecta; abdomen laeve. (Sec. ex. typ.)

Mysole (Coll. Mayr), Celebes (sec. Smith).

———

III. Subfam.

PONERIDAE.

Mandibularum articulationes inter se distantes in capitis angulis anticis. Petiolus uniarticulatus. Abdomen inter segmentum 1 et 2 plerumque constrictum, in ☿ et ♀ aculeo instructum. Alae anticae cellulis cubitalibus 2 et cellula radiali clausa [1].

a. Petioli squama aut nodus in ☿ et ♀ a segmento abdominis primo remota.

14. TRAPEZIOPELTA, Mayr.

☿ ♀ Mandibulae lineares, angustae, margine interno dentibus 2 robustis et antice nonnullis minutis. Palpi maxillares et labiales 4-articulati. Clypeus antice processu transverso. Antennarum 12-articulatarum funiculus articulo 1 longitudine secundi. Ocelli nulli in Operaria. Oculi prope mandibularum articulationes. Petiolus cylindrico-cubicus. Unguiculi simplices.

---

[1] Im Mus. Halle findet sich ein Poneriden-Männchen aus Brasilien, welches wol nur *eine* Cubitalzelle hat.

4

1. T. MALIGNA, Smith.

Operaria : Long. 9 – 10 mm. Nigra, nitida, mandibulis, laminis frontalibus, antennis, ano pedibusque castaneis aut fuscis; erecte et pallido-pilosa; laevigata, capite, thorace atque petiolo punctis dispersissimis grossis. (Sec. ex. typ.)

Celebes (Coll. Mayr), Batjan (sec. Smith).

15. ODONTOPONERA, Mayr.

⚥ Mandibulae trigonae, dentatae. Clypeus triangularis inter antennarum 12-articulatarum articulationes acute productus, margine antico denticulato. Funiculi articulus 1 longitudine secundi. Oculi mediocri magnitudine. Pronotum et metanotum bidentata. Squama petioli compressa, sublimis. Abdomen non constrictum. Unguiculi simplices.

1. O. DENTICULATA, Smith.

Operaria : Long. 9—10 mm. Nigra aut fusco-nigra, mandibulis, antennis pedibusque fuscis aut ferrugineis; pilosa et pubescens; mandibulae subtiliter striatae et dispersissime punctatae; caput rude longitrorsum, postice divergenter, striatum; thorax rude transversim striatus; petioli squama margine superiore emarginato; abdomen nitidum, subtilissime coriaceo-rugulosum et delicatule punctulatum.

Java (Mus. Holm., Vienn. et Leyden), Ins. Philipp. (sec. Rog.), Cap. bonae Spei (sec. Smith).

Ponera transversa Smith aus Singapore ist wol ohne Zweifel dieselbe Art mit rostrothen Fühlern und Beinen.

16. BOTHROPONERA, Mayr.

⚥ Mandibulae trigonae, 7dentatae. Clypeus carinatus, postice acutus, margine antico angulato-curvato. Genae sine carina. Antennae 12-articulatae, funiculi articulo primo · longitudine secundi aut paulo longiori, articulo apicali longitudine 2 praeultimorum. Area frontalis nulla. Oculi magnitudine mediocri. Occiput arcuatim emarginatum; capitis latera haud deplanata.

Thorax leviter arcuatus, non constrictus, pronoto rotundato marginibus antico-lateralibus parum arcuatim excisis; inter mesonotum et mesosternum pars nulla separata; sutura inter mesonotum et metanotum muticum obliterata. Petiolus cum nodo rodundato-tesselato. Abdomen constrictum inter segmentum primum et secundum. Unguiculi simplices.

1. B. rufipes, Jerdon.

Operaria: Long. 13—14 mm. Fusca, opaca, mandibulis, laminis frontalibus, antennis, segmentorum 1 et 2 marginibus posticis pedibusque plus minusve rufo-ferrugineis; breviter pilosa et pubescens; mandibulae parum nitidae, subtiliter striatae et disperse grosse punctatae, margine masticatorio antice dentato, postice serrato; caput thorax et petiolus rude rugoso-punctata, metanoti parte declivi leviter concava nitida, laevi, petioli nodus postice concavus, margine superiore postico irregulariter dentato; abdomen rude remote et longitudinaliter carinato-striatum.

Coloniae indo-holl. (Mus. Leyden), India or. (sec. Jerdon), Hongkong, Singapore (sec. Smith).

17. ECTOMOMYRMEX, nov. gen.

Fig. 9.

☿ ♀ Mandibulae trigonae, margine masticatorio denticulato, duplo longiore margine postico. Palpi maxillares 2 — (?), labiales 5-articulati. Clypeus postice inter antennarum articulationes longe et acute productus, antice medio fortiter impressus, margine antico parum arcuatim rotundato medio paulo emarginato. Area frontalis nulla. Sulcus frontalis Operariae brevissimus solummodo inter laminas frontales, Feminae ad ocellum anticum extensus. Laminae frontales breves antice triangulariter dilatatae, postice angustissimae, carinaeformes et extrorsum curvatae. Antennae 12-articulatae funiculi articulo primo secundo aequilongo. Genae sine carina. Oculi multicellulati, subrotundati, ante capitis laterum medium siti; ☿ sine ocellis. Capitis latera postice deplanata. Thorax supra inermis et sine strictura. Pronotum convexum sine carina, marginibus antico-lateralibus profunde arcuatim

excisis, infra angulo antico-laterali supra coxam. Sutura meso-
metanotalis in ♀ vix visibilis. Metanoti planitia declivis subcon-
cava, lateraliter acute marginata. Inter mesonotum et mesosternum utrimque pars quadrangularis separata. Squama petioli
alta, transversa, planitia antica transversim convexa, planitia
postica plana, supra paulo antrorsum inclinata. Abdomen antice
truncatum, inter segmentum 1 et 2 constrictum. Calcaria pec-
tinata; unguiculi simplices.

Ob diese Gattung stichhaltig bleibt, mag ich jetzt nicht ent-
scheiden, da die Merkmale, welche ich zur Unterscheidung von
Pachycondyla und Ponera angeben kann, nicht unanfechtbar sind.
Dass ich aber diese Gattung dennoch aufstelle, mag darin die
Entschuldigung finden, weil ich die 2 Arten weder zu Ponera,
noch zu Pachycondyla stellen kann, weil durch Beistellung einer
abweichenden Art die Abgrenzung der Gattung sehr leidet und
ein folgender Beschreiber einer neuen Art gezwungen ist, die
Organe näher zu studieren, wenn er sich nicht einer grossen
Leichtfertigkeit beschuldigen lassen will.

Das viereckige abgetrennte Stück am Mesothorax des Arbeiters
ist bei den Gattungen Pachycondyla, Ponera etc. nur bei den
Weibchen zu finden.

1. E. JAVANUS, nov. spec.

Operaria et Femina: Long. 12 mm. Nigra, pubescens, scapi
femorum et abdominis apicibus, flagello, tibiis tarsisque castaneis;
caput et thorax dense et subtiliter longitrorsum rugulosa, squama
petioli transversim rugulosa, abdomen modice nitidum, sublaeve,
punctulis indistinctis piligeris subtilissimis, pedes subtiliter coriaceo-
rugulosi.

Java (Mus. Halle et Leyden).

Die Beschreibung von Pachycondyla astuta Sm. stimmt mit
dieser Art wol ganz überein (es ist daselbst fast nur die Sculptur
und Farbe berücksichtigt, so dass man in Bezug der Gattung
vollkommen unklar bleibt), doch ist als Vaterland Australien
angegeben, so dass ich es nicht wagen konnte, die beschriebene
Art zu astuta zu ziehen.

85

2. E. sundaicus, nov. spec.

Femina: Long. 13.5 mm. *E. javano* proxima at major, metanoti parte declivi transversim striato-rugosa et abdomine haud
nitido distinctissime subtiliter reticulato punctato.

Java (Mus. Leyden).

18. PONERA, Latreille.

☿ ♀ Mandibulae trigonae, dentatae. Palpi maxillares 1- 2-,
labiales 2-articulati. Clypeus postice inter antennarum articulationes longe et acute productus. Area frontalis nulla. Antennae
12-articulatae funiculi articulo primo secundo longiore. Genae
sine carina. Oculi in ☿ saepe minutissimi in capitis lateribus;
☿ sine ocellis. Capitis latera non deplanata. Pronotum inerme;
rotundatum, sine carina laterali, marginibus antico-lateralibus
non excisis. Mesonotum in ☿ minimum dimidia pronoti longitudine; inter mesonotum et mesosternum in ☿ nulla pars separata; sutura meso-metanotalis in ☿ distincta Metanoti pars
declivis plana, marginibus lateralibus rotundatis. Petioli squama
alta, transversa, verticalis et inermis. Abdomen distincte aut
indistincte constrictum inter segmentum 1 et 2. Unguiculi
simplices.

♂ Mandibulae angustissimae, apice rotundato. Palpi maxillares
4-, labiales 3-articulati. Clypeus fornicatus antice sulco angusto.
Antennarum 13-articulatarum scapus paulo longior quam articulus funiculi primus brevissimus. Thorax ut in Femina. Petioli
squama ut in ☿ et ♀ compressa et rotundata, at humilior. Py-
gidium apice cum spina.

1. P. truncata, Smith.

Femina: Long. 4 — 4.2 mm. Micans, nigra aut fusco-nigra,
abdomine fusco aut fusco-nigro, clypeo, scapo femoribusque
fuscis, mandibulis, funiculo, tibiis tarsisque ferrugineis; pubescens at sparsissime pilosa, subtilissime et propter pubescentiam
indistincte punctulata; mandibulae nitidae, sublaeves, punctis
subtilibus dispersis, margine masticatorio margine postico lon-

giore et serrato, antice dentibus nonnullis distinctissimis; clypei
carina mediana antice sulco brevi longitudinali; petioli squama
alta, marginibus lateralibus subparallelis, margine superiore arcuatim rotundato; alae paulo infuscatae costis fuscis. (Sec. ex. typ.)
Celebes (Coll. Mayr).

Von der zunächst verwandten *P. luteipes* Mayr unterscheidet
sich die Smithsche Art durch den vorne gefurchten Clypeus-
kiel, durch die braunen Schenkel, die schmälere fast parallel-
randige Schuppe und durch den geringen Glanz.

19. DIACAMMA, Mayr.

☿ Mandibulae trigonae, dentatae. Palpi maxillares et labiales
4-articulati. Clypeus antice angulatim productus. Antennae 12-
articulatae, funiculi articulo primo dimidia longitudine secundi.
Oculi prominentes in medio laterum capitis. Mesonotum supra
brevissimum. Petiolus cum nodo subgloboso bidentato. Unguiculi simplices.

1. D. RUGOSUM, Le Guillou.

Operaria: Long. 12—14 mm. Aeneo-purpureo-aut violacceo-
nigra, mandibulis, funiculis, tarsis, ano, saepe femoribus tibiisque
fuscis; pilosa et pubescens; mandibulae partim striolatae et
disperse punctatae; caput rude longitudinaliter striatum, clypeo
laminisque frontalibus saepissime subtiliter ruguloso-punctatis;
thorax rude striatus; pronoto transverse et curvatim striato et
metanoti parte declivi transversim striata; petioli nodus transverse striatus; abdomen subtiliter ruguloso-punctatum, segmento
primo rude semicirculariter striato; pedes subtiliter punctato-
rugulosi.

Java, Borneo, Süd-Halmaheira (Mus. Leyden), Manilla (Coll.
Mayr a D. Heer et Sichel), Siam (Mus. Halle).

Die Beschreibung von Ponera tortuolosa Sm. stimmt vollkommen mit Stücken dieser Art aus Java, Borneo und Siam überein.
Da sich aber diese nur durch die Erzfarbe von der Stammart
unterscheiden und auch Zwischenglieder existiren, welche den

Uebergang bilden, so kann ich P. tortuolosa nur als Varietät von D. rugosum betrachten.

Zwei Exemplare von Timor, eines von Dr. Sichel in meiner Sammlung und eines im Museum Leyden, unterscheiden sich von D. rugosum durch eine andere Sculptur des ersten Hinterleibssegmentes; dasselbe ist schärfer und feiner gestreift, vorne ist es quer-, dann bogig-, und hinter der Mitte längs gestreift.

2. D. vagans, Smith.

Operaria: Long. 9 mm. *D. rugoso* simillima, minor, aeneonigra, mandibulis, clypeo, funiculo, pedibus anoque castaneis, striis capitis thoracis petioli et segmenti abdominalis primi magis superficialibus. (Sec. ex. typ.)

Batjan (Coll. Mayr).

Diese Art dürfte sich wol nur als Varietät von D. rugosum erweisen.

5. D. holosericeum, Rog.

Operaria: Long. 14—15.5 mm. Nigra, mandibulis, abdominis apice, unguiculis, nonnunquam scapi basi et apice, funiculi articulis apice, clypeo partim, segmentorum abdominalium marginibus posticis pedibusque ferrugineis; sparse pilis abstantibus, tenuibus, haud longis pilosa, petiolus et abdomen pubescentia sericea microscopica flavescenti et densa; mandibulae partim striolatae, punctis nonnullis impressis; caput inter oculos et infra rude, longitudinaliter, paulo convergenter-lateraliter longitrorsum-, postice transverse semicirculariter striatum; clypeus subtiliter rugulosus; pronotum supra antice transverse-, postice arcuatim-, lateraliter longitrorsum striatum; metathorax longitudinaliter-, parte declivi transversim striatum; petioli nodus striatus, transversim compressus; abdomen totum dense et subtiliter rugoso-punctulatum, solummodo basi, nodo opposita, transversim striata.

Sumatra (Mus. Leyden), Java (sec. Roger).

20. ECTATOMMA, Smith.

☿ ♀ Mandibulae trigonae. Palpi maxillares 5-, labiales 3-arti-

culati. Clypeus subplanus non tectiformis, postice inter antennarum 12-articulatarum origines productus et semicirculariter
rotundatus. Area frontalis distincta. Oculi semiglobosi. Capitis
latera extra oculos sine sulcis. Petiolus supra aut cum squama
aut nodo. Abdomen inter segmentum 1 et 2 constrictum. Unguiculi dentati.

♂ Mandibulae trigonae. Clypeus parum convexus, postice
rotundatus. Area frontalis triangularis. Laminae frontales longae,
subparallelae. Antennarum 13-articulatarum scapus funiculi articulo 2 brevior, funiculi articulus 1 brevissimus, articuli sequentes
cylindrici, longi, fere longitudine aequali. Scutellum semiglo-
bosum. Petiolus supra nodiformis. Abdomen inter segmentum
1 et 2 constrictum. Unguiculi dentati.

Subgenus RHYTIDOPONERA.

☿ Clypeus modice convexus, disco modice deplanato, postice
sine tuberculis semiglobosis. Pronotum supra inerme, infra
utrimque cum spina, aut dente, aut inerme. Thorax sine ulla
strictura. Petiolus supra squama crassa inermi aut nodo.

1. E. (RHYTID.) RUGOSUM, Smith.

Operaria : Long. 8.5 mm. Fusca, mandibulis, capite antice,
antennis, abdominis apice pedibusque castaneo-rufis; crebre
pilosa, fere sine pubescentia, abdomine dispersissime pubescenti,
mandibulae densissime striatae; caput rude reticulato-rogusum,
margine postico transverso truncato (infra prope foramen occipitale arcuatim excisum et utrimque dente acuto instructum);
clypeus et frons longitudinaliter et rude carinato-striata; scapus
striolatus; thorax antice rude reticulato-, postice transverse rugosus; pronotum utrimque supra coxam dente trigonali deorsum
directo; petioli nodus compressus, rude rugoso-striatus; abdomen
subtilissime et densissime striatum punctis nonnullis dispersis,
propter sculpturam distinctissime sericeo-micans; pedes subtiliter
striolati, coxis muticis. (Sec. ex. typ.).

Ceram (Coll. Mayr), Aru (sec. Smith).

2. E. (RHYTID.) COXALE, Rog.

Operaria: Long. 6.2 mm. Nitida, ferruginea, antennis pedibusque flavo-rufis, copiose pilosa, rude rugosa, caput margine
postico arcuatim excavato; thorax brevis supra longitrorsum fortiter convexus; pronotum utrimque supra coxam dente obtuso
indistincto; petioli nodus crassus, rotundatus, postice deplanatus;
coxae postice ad basim spina armatae. (Sec. ex. a D. Roger).

Borneo, Celebes, Aru (sec. Smith), Ceylon (sec. Roger).

21. LOBOPELTA, Mayr.

⚥ Mandibulae deplanatae, aut subtrigonae, aut marginibus
parallelis, ad apicem truncatis. Palpi 4-articulati. Clypeus inter
antennarum 12-articulatarum origines acute productus, in disco
tectiformis et fortiter carinatus, antice trigonaliter productus.
Petiolus supra cum squama aut nodo. Unguiculi pectinati.

1. L. DIMINUTA, Smith.

Operaria: Long. 7—7.5 mm. Nitida, nigra, mandibulis, funiculo, ano, articulationibus pedum tarsisque plus minusve fuscescentibus aut rufis; copiose pilosa sine pubescentia distincta;
mandibulae striatae apicem versus latiores et oblique truncatae,
margine masticatorio acuto; caput subtiliter longitrorsum striatum,
vertice transversim et subsemicirculariter striato atque punctis
nonnullis dispersis; thorax supra plus minusve laevigatus, lateraliter striolatus; petioli nodus sublaevis, lateraliter compressus,
quadrilaterus, supra rotundatus, planitia antica convexa, postica
plana; abdomen laeve. (Sec. ex. typ.)

Waigeou (Coll. Mayr a D. Smith sub nomine Ponera laeviceps
Sm.), Malacca (Coll. Mayr a D. Smith s. nom. P. simillima Sm.),
Borneo, Celebes, Batjan (sec. Smith), Ceylon (sec. Roger).

2. L. MUTABILIS, Smith.

Operaria: Long. 6.5 mm. Nitida, ferrugineo-castanea, pedibus
pallidioribus; pilosa sine pubescentia distincta; laevis, punctis
dispersis piligeris; mandibulae subtiliter striatae marginibus

externo et interno subparallelis, apice oblique truncato, et margine masticatorio brevi dentato; petiolus supra cum squama transversa compressa quadrato-rotundata. (Sec. ex. typ.)

Celebes (Coll. Mayr).

b. Petioli nodus segmento abdominis primo coalitus.

22. MYOPOPONE, Erichson.

☿ ♀ Mandibulae lineares, dentatae. Clypeus emarginatus bidentatus. Antennae 12-articulatae funiculo compresso clavato, funiculi articuli crassiores quam longiores. Oculi minimi in ☿. Mesonotum in ☿ brevissimum. Unguiculi simplices.

1. M. castanea, Smith. (*M. rufula* Rog.)

Operaria et Femina: Long. ☿ : 9—11 mm., ♀ : 14 mm. Nitida, castanea aut ferruginea, antennis pedibusque clarioribus, tibiis posterioribus macula oblonga flava saepe distincta; copiose flavido-pilosa; laevigata, disperse rude punctata (abdomine solummodo punctis nonnullis), capite utrimque inter laminam frontalem et oculum, vertice postice (in femina capite fere solo) et thoracis petiolique lateribus longitudinaliter striatis; alae ♀ infuscatae. (☿ sec. ex. typ.)

Java (Mus. Leyden), Ins. Nicobar. (Mus. Vienn.), Batjan, Ceram (Coll. Mayr), Ceylon, Ins. Bintang (sec. Roger).

Dr. Roger's M. maculata kann ich nur als Varietät dieser Art betrachten, da sich allmählige Uebergange vorfinden, und selbst die extremen Formen nur unbedeutend von einander abweichen.

IV. Subfam.

DORYLIDAE.

☿ Oculi et ocelli nulli. Mandibulae longae marginibus subparallelis. Thorax sine mesonoto, spiraculis solummodo metanotalibus distinctis. Petiolus uniarticulatus. Abdomen segmento ultimo bidentato.

♂ Mandibulae edentatae, trigonae aut elongatae sine margine masticatorio. Clypeus indistinctus. Petiolus uniarticulatus. Abdomen longum, cylindricum, segmentis subaequalibus

23. TYPHLOPONE, Westw.

☿ Palpi biarticulati. Antennae 11—12-articulatae scapo crasso, funiculi articuli (excepto primo et ultimo) crassiores quam longiores. Thorax quadrilaterus supra deplanatus. Abdomen inter segmentum 1 et 2 non constrictum, pygidio (i. e. segmento ultimo dorsali) bidentato, impressione subrotunda subtili.

1. T. LAEVIGATA, Smith.

Operaria: Long. 6.5—9 mm. Nitida, castaneo-ferruginea, antennis, petiolo, abdomine pedibusque rufis; laevis punctulis minutis dispersissimis; antennae 12-articulatae; caput rectangulare, longius quam latius, lateribus parallelis in ☿ min. subparallelis, sulco mediano longitudinali distincto; pronotum sulco mediano longitudinali indistincto aut (in ☿ min.) nullo; petioli nodus latior quam longior.

Java (Mus. Holm.), Celebes (Mus. Vienn.), Siam (Coll. Mayr a D. Sichel), Borneo (sec. Smith).

V. Subfam.

MYRMECIDA·E.

Petiolus biarticulatus. Abdomen in ☿ et ♀ aculeo instructum.

---

[*] Die Weibchen dieser Subfamilie sind bisher sehr wenig bekannt. Dr. Gerstäcker hat unter dem Namen *Dichthadia* eine Ameise beschrieben, welche er für ein Weibchen dieser Gruppe hält, und ich habe ein Weibchen aus Brasilien vom Stockholmer Museum kennen gelernt, welches der Gattung Typhlopone sehr nahe steht. Beide zeichnen sich, so wie die Arbeiter der Doryliden durch die Grube an der obern Seite des letzten Hinterleibssegmentes aus, welches beim ersteren Weibchen hinten 2 Zähnen hat, wärend beim letzteren die Grube jederseits von einer gezähnelten Kante begrenzt ist.

a. Laminae frontales in medio partis anticae capitis; fossa antennalis externe sine carina; clypeus in ☿ et ♀ postice inter antennarum articulationes intersertus.

α. ☿ ♀ Antennae 12-articulatae; funiculi articuli 5 ultimi ad unum breviores quam reliqui articuli.

24. ISCHNOMYRMEX, Mayr.

☿ Excellens capite elongato, postice anguste colliforme constricto. Mandibulae trigonae, dentatae. Area frontalis trigonalis postice rotundata. Oculi prominentes. Metanotum bidentatum. Antennae pedesque longi.

9. I. LONGIPES, Smith.

Operaria: Long. 5.4 mm. Nitida, fusca aut castanea, mandibulis, funiculis pedibusque pallidioribus; corpus subnudum scapis pedibusque copiose pilis longis abstantibus pallidis obtectis; mandibulae striatae; caput postice longe colliforme productum et constrictum, utrimque inter oculum et laminam frontalem longitudinaliter striatum; funiculi articulus 8. nono aequilongus; pronotum laevis, anguste productus et angustatus; mesothorax et metathorax lateraliter superficialiter reticulato-punctati, supra subtiliter et valde superficialiter coriaceo-rugulosi; petiolus subtilissime coriaceo-rugulosus; abdomen laeve.

Celebes (Mus. Vienn.), Borneo, Singapore (sec. Smith).

25. APHAENOGASTER, Mayr.

☿ ♀ Mandibulae trigonae. Palpi maxillares 4—5-articulati, palpi labiales 3-articulati. Funiculus indistincte clavatus. Area frontalis profunde impressa, postice rotundata. Thorax Operariae in medio constrictus, ante stricturam fere semiglobosus. Petioli segmentum 1 antice petiolatum, postice supra nodiforme. Tibiarum calcaria simplicia.

♂ Mandibulae latae, trigonae, dentatae. Antennae 13-articulatae scapo brevi; funiculus filiformis articulis (ultimo excepto) omnino cylindricis. Area frontalis distincta, postice rotundata. Mesonotum sine sulcis convergentibus.

Alae anticae cellulis cubitalibus 2, discoidali una et cellula radiali aperta.

1. A. STRUCTOR, Latreille.

Operaria: Long. 4—10 mm. Rufa, fusca aut nigrofusca, capite antice, funiculis, articulationibus pedum tarsisque rufo-testaceis; copiose pilosa, micans, dense-, capite subtiliter-rugu-loso-striata, abdomine nitido, laevi; clypeus medio sine impres-sione transversa; thorax inermis.

Femina: Long. 9 – 13 mm. Nigro-fusca aut fusco-nigra, capite antice, funiculis, articulationibus pedum tarsisque plus minusve rufis aut ferrugineis; copiose pilosa, nitida; caput, prono-tum, metanotum et petiolus ruguloso-striata, mesonotum rude punctatum medio sublaeve, abdomen laeve; metanotum tuber-culis 2; alae subhyalinae costis ochraceis.

Mas: Long. 7.5—8 mm. Niger, antennis pedibusque fuscis, mandibulis apice, articulationibus pedum, tarsis et nonnunquam funiculis rufo-testaceis, copiose pilosus, nitidus; caput et pro-notum striato-rugosa, mesonotum punctatum et lateraliter strio-latum; metanotum obliquum, inerme, transverse striatum; petiolus rugulosus; abdomen sublaeve.

Terra antiqua.

Im Leydner Museum findet sich ein Arbeiter aus Java vor, welcher unzweifelhaft zu dieser Art gehört. Ob sich nun der Verbreitungsbezirk derselben bis Java erstreckt (denn bis jetzt war sie in Asien nur aus Syrien bekannt), oder ob sie nach Java mit Waaren aus Europa eingeschleppt worden, da sie daselbst auch in Häusern öfters lebt, oder ob in der Etiquettirung des besagten Exemplares ein Fehler gemacht worden ist, kann ich nicht entscheiden.

β. ♀ ♀ Antennae 12-articulatae; funiculi articuli 3 ultimi ad unum longiores aut minimum longitudine aequali quam reliqui articuli ad unum.

26. VOLLENHOVIA, Mayr.

♀ Mandibulae trigonae, dentatae. Clypeus bicarinatus, in medio excavatus. Funiculus articulis 2--6 brevissimis, cum clava apicali 3-articulata. Area frontalis minuta acute triangularis. Thorax depressus, muticus. Petioli segmentum 1 haud petiolatum, supra nodo rotundato, antice infra carina longitudinali cuneiformi acutissima, segmentum 2 subglobosum, infra carina transversa, distinctissima, acuta. Abdomen elongatum. Pedes breves. Alae anticae cellula cubitali et discoidali, costa transversa conjuncta ramo costae cubitalis externo subrecto, cellula radiali aperta.

1. V. PUNCTATO-STRIATA, Mayr.

Femina: Long. 9—10 mm. Fusca, mandibulis, capite antice, antennis pedibusque rufis; copiose pilosa; mandibulae nitidae punctis dispersis; clypeus striatus in medio antice laevis; frons striata, vertex et genae striata et punctata; thorax capite paulo latior; pronotum, mesonotum antice et scutellum punctata, mesonotum postice et metanoti pars declivis laevis; petiolus transverse striatus, nodo primo paulo latiore quam longiore; abdomen nitidum, subtilissime reticulatim rugulosum, segmento 1 subtiliter et disperse punctato.

Java, Borneo (Mus. Leyden).

2. V. PEDESTRIS, Smith (*Myrmica pedestris* Smith).

Femina: Long. 5.3—5.7 mm. Nitida, nigro-fusca, mandibulis, clypeo, antennis, thoracis lateribus partim ac pedibus ferrugineis aut partim rufis; copiose pilosa; mandibulae nitidae punctis dispersis; clypeus laevis, ante genas longitudinaliter striatus, parte mediana carinis 2 acutis percurrentibus, antrorsum divergentibus et deinde extra clypei marginem anticum formantibus; caput fortiter longitudinaliter striato-rugosum, punctis magnis ovalibus intermixtis, sulco frontali et area frontali laevibus et nitidissimis; thorax, capite paulo angustior, fortiter punctatus, supra linea mediana longitudinali percurrenti laevi et nitidissima; petiolus disperse punctatus, nodo primo paulo longiore quam latiore et antice distincte latiore quam postice; abdomen disperse et subtiliter punctatum; alae ignotae. (Sec. ex. typ.).

Celebes, Aru (Coll. Mayr a D. Smith).

27. MONOMORIUM, Mayr.

☿ Mandibulae trigonae, dentatae. Palpi maxillares 1—2 articulati, palpi labiales biarticulati. Clypeus antice productus, in medio sulcatus. Sutura pro-mesonotalis nulla. Metanotum inerme. Petioli segmentum 1 antice petiolatum, postice nodiforme.

♀ Caput et petiolus ut in Operaria. Mesonotum lateraliter marginatum. Metanotum inerme.

♂ Antennae 13-articulatae; funiculi articulus 1 subcylindricus. Mesonotum sine sulcis convergentibus. Metanotum inerme.

Alae anticae cum cellula cubitali; costa cubitalis furcae initio conjuncta costae transversae; cellula radialis clausa.

I. M. PHARAONIS, Linné.

Operaria: Long. 2—2.3 mm. Opaca, flava, abdomine nitido postice fusco; sparsissime pilosa; subtilissime reticulato-punctata, abdomine laevi; mandibulae striolatae, nitidae; clypeus bicarinatus sulco lato superficiali laevi, nitido; thorax inter mesonotum et metanotum constrictus.

Femina: Long. 3.8—4 mm. Flava, nonnunquam partim rufo-flava, abdomine nigro, macula magna basali flava, mesonoto strigis 3 scutelloque postice fuscis; modice pilosa; mandibulae striatae; caput subtiliter reticulato-punctatum, opacum, clypeo subtilissime ruguloso, nitido, vix sulcato; thorax et petiolus subtiliter reticulato-punctati, opaci, mesonoto partim subtilissime et indistincte striato-ruguloso; metanotum declive medio concavum, infra nitidum; abdomen nitidum, subtiliter coriaceo-rugulosum.

Mas: Long. 5 mm. Fusco-niger, abdomine fusco, mandibulis clypeoque brunneis, antennis pedibusque pallidis; sparse pilosus; mandibulae angustae, striolatae; clypeus convexus sine sulco; caput, thorax atque petiolus subtiliter reticulato-punctata, parum nitida, abdomen vero sublaeve, nitidissimum; alae subhyalinae, costis ochraceis.

Species cosmopolitica.

Ueber diese Art schreibt Herr Moens. Sie lebt in den Häusern in Batavia, verdirbt das Geräthe, bohrt sich Gänge darin im Durchmesser von etwa 2 Zoll. In der Tiefe der Gänge liegt die Brut.

28. PHEIDOLE, Westwood.

☿ *et Miles:* Mandibulae trigonae. Palpi biarticulati. Funiculi clava 3-articulata, funiculi articulus 9. duplo longior octavo, articulus apicalis paulo longior penultimo. Thorax profunde constrictus, metanoto bidentato. Petioli segmentum 1 antice petiolatum, postice nodiforme.

♀ Mandibulae margine masticatorio acuto, antice bidentato. Thorax humilis, supra planatus. Petioli segmentum 2 utrimque cono instructum.

♂ Antennarum 13-articulatarum scapus brevis, funiculus filiformis articulo 1 globoso, articulo apicali longissimo. Mesonotum sine sulcis convergentibus. Genitalium valvulae externae cultriformes, apice oblique truncatae.

Alae anticae cum cellulis cubitalibus 2 et cellula radiali aperta.

1. P. RUFICEPS, Sm. (*Myrm. ruficeps*, Sm., *P. mordax* Sm.)

Miles: Long. 4.5—5 mm. Castaneus, tarsis pallidioribus, abdomine nigricanti; sparsissime pilosus; mandibulae nitidae, laeves, punctis nonnullis dispersis, extus striolatae; caput acute longitudinaliter striatum, utrimque inter oculum et laminam frontalem antice reticulato-striatum, postice sicut pone oculos reticulatum, interstitiis superficialiter reticulato-punctatis, clypeo medio carinato, nitido, solummodo striis nonnullis, margine antico medio minute subsemicirculariter impresso, vertice depresso antice divergenter curvatim- et prope capitis angulos posticos transverse striato; thorax irregulariter rugulosus, inter mesonotum et metanotum profunde incisus; pronotum et mesonotum ad unum rotundata, hoc sine onco; metanotum spinis 2 divergentibus obliquis; petiolus subtiliter coriaceo-rugulosus, nodo 2 supra medio sublaevi, nitido, transverse ovali, nodo primo fere ter latiore, lateraliter rotundato, abdomen laeve et nitidum; pedes sine pilis abstantibus. (Sec. ex. typ. sub nomine P. mordax).

Femina: Long. 8 mm. Castanea, petioli nodis abdomineque nigro-fuscis, verticis macula, thorace supra et scapulis fuscescentibus, tibiis rufis; sparsissime pilosa; caput ut in milite; pronotum reticulato-rugosum; mesonotum subtiliter at dense longitudinaliter — postice transverse striatum; scutellum transversim rugulosum, medio sublaeve et nitidum; meso- et metathoracis latera striolata; metanotum spinis 2 triangularibus acutis obliquis, spatio intermedio concavo sublaevi; petioli rugosi nodus 1. supra paulo emarginatus, nodus 2. primo duplo latior, transversus, lateraliter subrotundatus; abdomen laeve, nitidum; pedes sine pilis abstantibus. (Sec. ex typ. sub nomine Myrm. ruficeps Sm.).

Celebes, Mysole (Coll. Mayr).

2. P. DIVERGENS, nov. spec.

Miles: Long 5—5.5 mm. Rufescenti-flavus, abdomine dimidio antico flavo et postico nigro-fusco; mandibulae sublaeves punctis nonnullis dispersis, extus striolatae; caput fortiter longitrorsum striatum, utrimque inter oculum et laminam frontalem antice rude reticulato-striatum, postice rude reticulatum, clypeus medio laevi, nitido, carinato, lateribus fortiter striatis, margine antico integro; vertex depressus antice longitudinaliter curvatim et divergenter striatus, postice transverse striatus; scapus modice longus; thorax rugulosus, pronoto laeviori bituberculato, mesonoto onco transverso, metanoto spinis 2 longis suberectis; petioli nodus 2. subtiliter coriaceo-rugulosus, transverso-ovalis, utrimque indistincte angulatus, nodo primo duplo latior; abdomen laeve; pedes (sicut totum corpus) copiose pilis abstantibus obtecti.

Operaria: Long. 5.5 mm. Nitida, rufescenti-flava, abdomine fuscescenti; mandibulae striato-rugosae; caput sublaeve utrimque inter oculum et laminam frontalem rugoso-striatum; pronotum sublaeve, vix bituberculatum, postice medio paulo deplanatum; mesonotum et metanotum subtiliter reticulato-punctata; hoc

spinulis 2 suberectis; petioli sublaevis nodus 2 primo vix duplo
latior; abdomen laeve; pedes pilis abstantibus longis.

Femina: Long. 7.5 mm. Rufa, mesonoto scutelloque fuscescentibus, abdomine medio et postice fusco, tarsis pallidis; caput
ut in milite, vertice distinctissime divergenter — postice vix
transverse striato; pronotum striato-rugosum; mesonotum retro
convergenter longitrorsum striatum, antice medio sublaeve, nitidissimum; scutellum subtiliter rugulosum, medio sublaeve aut
sublilissime coriaceo-rugulosum, thoracis latera rugoso-striata,
scapula laeviori; metanotum spinis 2 paulo compressis, haud
acutis, retro directis, spatio intermedio laevissimo et nitidissimo;
petiolus transversim rugosus nodo 2. transverso utrimque in dentem obtusum producto; abdomen laeve, punctis dispersis pili·
geris, ad basim subtiliter et superficialiter reticulato-punctulatum;
pedes pilis abstantibus; alae paulo infuscatae, costis fuscis.

Mas: Long. 4.4—4.8 mm. Fuscus, nitidus, mandibulis, clypeo, antennis, articulationibus pedum tarsisque aut totis pedibus
testaceis; caput subtiliter rugoso-striatum, postice et utrimque
inter oculum et laminam frontalem subtilissime reticulato-punctatum, mandibulis clypeoque sublaevibus; thorax subtilissime,
aciculate striatus, mesonoto et scutello sublaevibus, punctis dispersis, modice grossis, metanoto subtiliter reticulato-punctato;
petioli nodus 1. subtiliter reticulato-punctatus; nodus 2 sublaevis;
abdomen laeve, pedes pilis abstantibus; alae subhyalinae, costis
ochraceis.

Coloniae indo-neerlandicae (Mus. Leyden).

Es ist möglich, dass diese Art bereits unter den aus Batjan
stammenden und von Herrn Smith aufgestellten Arten beschrieben ist, doch lasst sich diess nicht eruiren, weil die Diagnosen
nicht vergleichend sind und Widersprüche in einer und derselben
Diagnose vorkommen, wie diess bei P. pabulator Sm. der Fall ist.

5. P. JAVANA, nov. spec.

Miles: Long. 5.5 - 5.8 mm. Castaneus, abdomine obscuriori,
funiculo, thorace pedibusque plus minusve ferrugineis, scapo
fusco, articulationibus pedum atque tarsis rufo flavis; · copiose

pilosns; mandibulae sublaeves punctulis dispersis, extus ad basim
subtiliter striatae; clypeus lateraliter striatus, medio non carinatus, sublaevis (microscopice coriaceo-rugulosus), margine antico
paulo emarginato; genae nec non frons et vertex inter laminas
frontales elongatas longitudinaliter striata, vertex postice vix
impressus, longitrorsum rugulosus interstitiis sublaevibus; capitis
latera reticulata interstitiis subtiliter reticulato-punctatis; fossa
antennalis, longitudine scapi modice longi sublaevis, subtiliter
reticulato-punctata; pronotum subrotundatum, lateraliter striato-
rugulosum, medio sublaeve rugis nonnullis transversis, utrimque
tuberculo indistinctissimo rotundato; mesonotum transversim et
coriaceo-rugulosum, medio toro transverso; metanotum supra
transversim rugulosum, spinulis 2 erectis, divergentibus, haud
longis; meso- et metathoracis latera subtiliter at acute reticulato-
punctata; petioli nodus secundus, primo duplo latior, transverso-
ovatus et subtilissime coriaceo-rugulosus; abdomen laeve et
nitidum; pedes copiose pilis abstantibus vestiti.

Operaria: Long. 2.4 mm. Nitida, rufo-flava, capite obscuriori,
abdomine fuscescenti; copiose-pilosa, mandibulae striis subtilibus
marginem masticatorium acute denticulatum versus evanescenti-
bus; caput sublaeve utrimque inter laminam frontalem subtilissime striolatum et oculum subtiliter et superficialiter reticulato-
punctatum, genis striatis; pronotum rotundatum subtiliter coriaceo-rugulosum (aut valde superficialiter reticulato-punctatum),
disco laeviori, antice striis nonnullis transversis; mesonotum
medio elevatione transversa tectiformi; metanotum dentibus 2
trigonalibus, acutis, erectis; mesothorax et metathorax reticulato-
punctati; petiolus subtiliter coriaceo·rugulosus; abdomen laeve.

Diese Art lebt nach Herrn Moens, von welchem das Leydner
Museum dieselbe erhalten hat, bei Batavia unter Steinen.

Der Soldat unterscheidet sich von P. pallidula Nyl., pusilla
Heer, capensis Mayr und laevigata Mayr durch den nicht glatten
Hinterkopf, von P. excellens Mayr, opaca Mayr und cubaensis
Mayr durch den glatten Hinterleib, von P. parva Mayr, sinaitica
Mayr, chilensis Mayr, aspera Mayr und ruficeps Smith durch
die lang abstehend behaarten Schienen, von P. latinoda Rog.

durch die andere Sculptur und den viel schmäleren ♀. Stielchenknoten, von P. sulcaticeps Rog., oceanica Mayr, tasmaniensis
Mayr und pennsylvanica Rog. besonders durch den seitlich ab-
gerundeten Stielchenknoten, von P. divergens Mayr endlich
durch die andere Färbung, die geringere Grösse, durch die
verschiedene Sculptur besonders des Scheitels, durch die sehr
undeutlichen Pronotum-Höcker, sowie durch den seitlich abge-
rundeten ♀. Stielchenknoten.

γ. ☿ ♀ Antennae 7—11 articulatae; mandibulae trigonae.

29. PHEIDOLOGETON, Mayr.

☿ ♀ Generi «Pheidole» simillima. Antennarum 11-articulatarum
clava biarticulata. Clypeus non carinatus. Metanotum bidentatum.
Petioli articulus 1. antice petiolatus, postice supra onco transverso. Abdomen ovatum, apice rotundato. Feminae alae anticae
cum cellula cubitali una, costae cubitalis ramus externus conjunctus costae transversae, cellula radialis clausa.

1. P. LABORIOSUS, Smith (*Solenopsis calida* Sm.)

Operaria: 2.3—13 mm. Ferruginea, castaneo-ferruginea, aut
rufo-testacea (☿ minutiss.), antennis pedibusque plus minusve
pallidioribus, abdomine nonnunquam obscuro; mandibulae apud
☿ maj. laeves, nitidae, punctis nonnullis dispersissimis, ad basim
extus striatae, apud ☿ minimam superficialiter striolatae, margine
masticatorio apud ☿ maj. absolute edentato, apud ☿ minorem
plus minusve irregulariter dentato; caput longius quam latius,
capitis tertia pars antica usque ad oculos longitudinaliter striata
(apud ☿ minimam fronte laevi), clypeo laevi, nitido, pars media
plerumque nitida, laevis, punctis dispersis, apud ☿ max. longitudinaliter striata, apud ☿ minimam laevissima sine punctis, pars
postica transversim, paulo curvatim, rugoso striata, apud ☿ minimam laevissima; pronotum apud ☿ maj. transversim striatum,
apud ☿ min. laeve aut sublaeve; mesonotum apud ☿ maj. (scutello
instructam) laevigatum punctis grossis, lateraliter et antice striatum, apud ☿ min. (scutello indistincto aut nullo) laeve aut sublaeve;

metanotum apud ⚥ maj. supra transversim striato-rugosum et partim rugoso-punctulatum, spinis ♀ haud longis, rectis, apud ⚥ min.
subtiliter reticulato-punctatum spinis ♀ longis paulo curvatis;
meso- et metathoracis latera apud ⚥ maj. striata, apud ⚥ min.
subtiliter reticulato-punctata; petioli nodus 1. supra margine
transverso rotundato, nodus ♀. nitidus, laevis aut sublaevis,
transverso-ovatus, apud ⚥ minimam globosus; abdomen laeve et
nitidum, apud ⚥ maj. punctis nonnullis dispersissimis; tibiae
pilis abstantibus longis.

Femina : Long. 15 mm. Castanea, partim ferruginea, antennis
pedibusque pallidioribus, abdomine nonnunquam obscure fusco,
marginibus pallidis; mandibulae laeves, nitidae, punctis dispersis,
ad basim extra striatae, margine masticatorio acuto antice bidentato; capitis pars tertia antica fortiter longitudinaliter striata,
clypeo areaque frontali laevibus, nitidis, pars media subtilius et
minus dense longitudinaliter striata punctis dispersis, pars postica
transversim et arcuatim rugoso-striata; pronotum striatum et
laeve; mesonotum nitidum punctis dispersis, scutellum laeve
punctis nonnullis; metanotum supra subtiliter transversim striatum; mesosternum laeve, nitidum, punctis nonnullis, postice
striatum; metathoracis latera striata; petioli subtiliter striato-
rugosi nodus 1. supra margine transverso rotundato, nodus ♀.
lateraliter nonnunquam dente obtuso; abdomen nitidum, laevigatum, punctis plurimis minutis et punctis majoribus sparsiori-
bus; pedes pilis abstantibus copiosis; alae infuscatae. (Sec. ex.
typ. sub nomine Solenopsis callida Smith).

Ceram, Waigeou (Coll. Mayr), Java (Mus. Leyden).

2. P. ocellifer, Smith.

Operaria : Long. 2.4—15 mm. Castaneo-fusca aut castanea,
capite saepe ferrugineo, abdomine plerumque fusco, funiculo,
geniculis tarsisque pallidis; aut rufo-testacea (⚥ minutiss.); mandibulae apud ⚥ maj. laeves, nitidae, punctis nonnullis dispersis,
ad basim extra striatae, apud ⚥ minimam dense striatae, margine
masticatorio apud ⚥ maj. antice emarginato et obtuse bidentato,
apud ⚥ min. fortiter dentato; caput quadratum (apud ⚥ minutiss.

longius quam latius), capitis pars tertia antica usque ad oculos longitudinaliter striata (apud ⚥ minim. solummodo genis striatis), clypeo laevi, nitido, pars media nitidissima, laevissima, punctis nonnullis dispersissimis, pars postica transversim, paulo arcuatim, striato-rugosa, apud ⚥ minimam laevissima; pronotum apud ⚥ maj. transversim striatum disco laevi, apud ⚥ min. laeve, mesonotum apud ⚥ maj. laevigatum punctis dispersis aut subtiliter coriaceo-rugulosum punctis dispersis et disco laevigato, scutello distincto transversim striato, apud ⚥ min. subtiliter coriaceo-rugulosum, antice plus minusve laeve, scutello nullo; metanotum apud ⚥ maj. supra transversim striatum spinis ♀ paulo curvatis, apud ⚥ min. subtiliter-, aut coriaceo-rugulosum, aut reticulato-punctatum, spinis ♀ longioribus et distinctius curvatis; meso- et metathoracis latera reticulato-punctata, apud ⚥ maj. insuper paulo striolata; petioli nodus 1. apud ⚥ maj. supra margine emarginato, nodus 2. transverso-ovatus apud ⚥ maj. utrimque paulo obtuso angulatim productus, apud ⚥ minores globosus; abdomen apud ⚥ maj. laevigatum, nitidum, punctis dispersis, apud ⚥ min. laeve; tibiae pilis longis adpressis, prope genu pilis talibus abstantibus nonnullis (apud ⚥ maximam extra solummodo pilis abstantibus).

Timor (Coll. Mayr a D. Sichel), Mysole, Waigeou, Siam (Coll. Mayr a D. Smith), Hongkong (Mus. Vienn.).

Herr Smith hat mir unter dem Namen Solenopsis laboriosus ♀ verschiedene Arten der Gattung Pheidologeton in einer grösseren Anzahl gesendet. Nach den Beschreibungen ist keine dieser ♀ Arten mit einiger Sicherheit zu bestimmen, so dass wol eine einfache Combination erlaubt wäre. Es ist mit Wahrscheinlichkeit anzunehmen, dass doch eine dieser beiden von Herrn Smith als S. laboriosus gesendeten Arten der echte P. laboriosus Sm. sei, und, diess angenommen, stimmt nun jene Art, welche den länglich-viereckigen Kopf und eine hellere Farbe hat, am besten mit der Beschreibung von S. laboriosus überein, so dass die andere Art zu bestimmen bleibt. Die grossen Arbeiter dieser ♀. Art stimmen nun mit der Beschreibung von P. ocellifer gut überein, nur ist die Länge meiner grössten Exemplare geringer und das Punktauge fehlt. Aber eben das Zusammentreffen dieser ♀ Merkmale lässt mich mit Wahrscheinlichkeit vermuthen, dass ich nicht die grössten Exemplare habe, wie sie Herrn Smith zur Beschreibung von P. ocellifer vorgelegen sind, denn die Gegenwart oder das Fehlen des Punktauges scheint bei Pheidologeton kein Artmerkmal, sondern nur den grössten Arbeitern der Arten eigenthümlich zu sein, wie diess bei Camponotus gigas Ltr. der Fall ist. Von Herrn Smith erhielt ich auch ein Weibchen von Solenopsis callida Sm., welches zweifellos zu der von mir als P. laboriosus bestimmten Art gehört.

Bei jener Art, welche ich für P. ocellifer Sm. halte, ist der Kopf beim Arbeiter quadratisch (die Mandibeln abgerechnet, in der Mitte ebenso lang als breit, nur bei den kleinsten Arbeitern deutlich länger als breit), die Mitte des Kopfes ist viel feiner zerstreut punctirt als bei P. laboriosus, der 1. Knoten des Stielchens ist beim grossen Arbeiter oben deutlich ausgerandet, und die Schienen haben nur nahe dem Knie 3—4 lange abstehende Haare, nur bei den grössten Arbeitern sind die Schienen ganz behaart. Im Uebrigen sind keine constanten Unterschiede zwischen den Arbeitern von P. laboriosus und ocellifer zu entdecken.

30. CREMASTOGASTER, Lund.

☿ ♀ Palpi maxillares 5-, labiales 3-articulati. Antennae 11-articulatae. Petioli segmentum 1. deplanatum, segmentum 2. in partem superiorem abdominis subcordiformis apice acuti articulatum.

♂ Antennarum 12-articulatarum scapus brevissimus; funiculi filiformis articulus 1. globosus. Mesonotum sine sulcis convergentibus. Metanotum muticum. Abdomen et petioli articulatio in abdomen ut in ☿ et ♀.

Alae anticae cum cellula cubitali una; costae cubitalis ramus externus conjunctus costae transversae; cellula radialis aperta.

1. C. BICOLOR, Smith.

Operaria: Long. 3—4.5 mm. Nitida, mellea, abdomine fusco aut fuscescenti, antice pallidiori; longe pilosa; mandibulae laevigatae punctis dispersis, margine masticatorio nigro dentato; caput sublaeve punctis nonnullis dispersissimis, clypeo et fronte antice rugulis subtilissimis nonnullis longitudinalibus; funiculi clava biarticulata; thorax supra sublaevis, sulco transverso inter mesonotum et metanotum, pronoto convexo, metanoto spinis 2 rectis, distantibus, acutis, divergentibus, oblique retro et sursum directis; petioli segmentum 1. deplanatum, subquadratum, angulis anticis fortiter rotundatis, segmentum 2. globosum, laeve, supra sine sulco mediano; abdomen sublaeve.

Femina: Long. 7—7.6 mm. Nitida, mellea, abdomine fusco, mesonoto paulo infuscato; pilosa; mandibulae disperse punctatae et paulo superficialiter striolatae; clypeus antice longitrorsum rugulosus, postice laevis; frons antice longitudinaliter rugulosa, postice cum vertice laevis punctis dispersis; funiculi clava indistincte 2- aut 3-articulata, thorax laevis, mesonoto punctis dispersis, metanoto denticulis 2 minutissimis distantibus; petiolus et abdomen ut in Operaria; alae subhyalinae costis ochraceis.

Mas: Long. 2.4 mm. Nitidus, sublaevis, melleus, abdominis apice fuscescenti, vertice macula interocellari nigricanti; metanotum declive inerme; petioli segmentum 1. depressum, elongato-quadrangulare, antice indistincte angustius, segmentum 2. globosum [1].

Coloniae indo-neerlandicae (Mus. Leyden), Batjan (sec. Smith).

2. C. EDENTATA, Mayr nov. spec.

Fig. 10.

Femina: Long. 10 mm. Castanea, subnuda, thorace obscuriori, antennis pedibusque ferrugineis; mandibulae rude striatae et disperse punctatae; caput subtiliter dense et acute striatum et disperse punctatum, pone oculos nitidum, coriaceo-rugulosum et disperse punctatum; funiculi clava indistincte 3—4 articulata; thorax disperse punctulatus, partim delicatule striolatus, partim subtilissime coriaceo-rugulosus; metanotum subverticale, inerme;

---

[1] Eine genauere Beschreibung des Männchens wäre mir nur dann möglich gewesen, wenn mir ganz reine Exemplare zur Untersuchung vorgelegen wären.

petioli subtilissime coriaceo-rugulosi et partim delicatule striolati
segmentum 1. depressum, suborbiculare, antice breviter petiolatum,
segmentum 2., primo vix latius, transverso-ovatum, medio sine
sulco, solummodo postice impressione minuta; abdomen subtilissime coriaceo-rugulosum et disperse punctatum, nitidum, segmento primo minus nitido; pedes nitidi, subtilissime coriaceo-
rugulosi et disperse punctati.

Java (Mus. Halle).

Dieses durch den Mangel der Metanotumdornen ausgezeichnete
Weibchen dürfte wol nicht zu jenen Arten gehören, bei welchen
die Arbeiter ein bewehrtes Metanotum haben; möglich ist es
aber, dass es zu jenen gehört, deren Arbeiter ein unbewehrtes
aufgeblasenes Metanotum haben.

3. C. ANTHRACINA, Smith.

Operaria: Long. 4 mm. Piceo-nigra, mandibularum apice,
scapi basi, funiculo toto aut solummodo dimidio apicali et plus
minusve tarsorum articulis 2—4 rufis; mandibulae striatae punctis
nonnullis; caput parte antica longitudinaliter striata, parte postica nitida, subtilissime coriaceo-rugulosa et dispersissime punctulata; funiculi clava triarticulata; thorax subtiliter rugulosus,
inter mesonotum et metanotum fortiter constrictus; mesonotum
transversim concavum; metanotum spinis 2 acutis, subhorizontalibus, divergentibus, inter se distantibus; petioli nitidi segmentum 1. coriaceo-rugulosum, trapezoidale, antice fortiter dilatatum,
segmentum 2. rugulosum, nodiforme, supra sulco longitudinali;
abdomen nitidum, subtilissime coriaceo-rugulosum.

Borneo, Singapore (sec. Smith), Ceylon (Coll. Mayr a D. Roger).

4. C. DIFFORMIS, Smith.

Operaria: Long. 5.5—6.2 mm. Fusco nigra, mandibulis, funiculi parte apicali et plus minusve tarsis obscure ferrugineis;
mandibulae striatae punctis dispersis; capitis magni pars antica
longitudinaliter striata, pars postica subtiliter coriaceo-rugulosa
et disperse punctulata; funiculi clava 3-articulata; thorax coriaceo-rugulosus, antice insuper rugis subtilibus, inter mesonotum

et metanotum constrictus, parte antica (pronoto et mesonoto)
subrotundata supra paulo deplanata, parte postica (metanoto)
magna, paulo latiori parte antica, postice spinarum loco tuber-
culis 2 rotundatis magnis, metanoti parte basali medio brevi,
parte declivi excavata longa et lata; petioli segmentum 1. oblongum, nitidum et sublaeve (microscopice coriaceo-rugulosum,
segmentum 2. subtiliter coriaceo-rugulosum punctis nonnullis,
latius quam longius, subrotundatum, segmento primo aequila-
tum, supra sine sulco longitudinali, sed margine superiore postico
medio paulo emarginato; abdomen subtiliter coriaceo-rugulosum.
Celebes (Mus. Vienn.) Borneo, Singapore (sec. Smith).

5. C. INFLATA, Smith.

Operaria: Long. 5.6—4.5 mm. Nitida, fusco-nigra, capite
antice, funiculis, pronoto ac mesonoto, nonnunquam abdomine
antice castaneis, metanoto tarsisque (metatarsis exceptis) testaceis;
mandibulae striatae punctis nonnullis; caput antice subtiliter-,
postice subtilissime coriaceo-rugulosum, et punctulis dispersis
piligeris; clypeus margine antico depresso; funiculi clava triarticulata; thorax subtilissime coriaceo-rugulosus, sine strictura;
pronotum rotundatum, mesonotum minutum, metanotum per-
magnum, inflatum, semipellucens, postice spinarum loco tuber-
culis 2 subdentiformibus, inter se valde distantibus, parte declivi
transversim concava; petioli segmentum 1. oblongum, segmentum
2. nodiforme, supra sine sulco; abdomen subtilissime coriaceo-
rugulosum.
Borneo, Singapore (sec. Smith), Birma (Mus. Vienn.).

31. CAREBARA, Westw.

♀ Palpi triarticulati. Clypeus trigonus postice rotundatus.
Frons cum sulco frontali sine area frontali impressa. Antennae
10-articulatae sine clava distincta. Thorax muticus. Petioli segmentum 2 transverso-ovatum.
· ♂. Caput rotundato-trigonum. Mandibulae parum dilatatae,
margine masticatorio dentato valde obliquo in marginem posticum

transcunti. Clypeus valde fornicatus, non carinatus, haud inter antennarum articulationes intersertus. Laminae frontales ut in ♀. Antennae filiformes 15-articulatae, scapo brevi, funiculi articulo basali brevissimo. Area frontalis nulla. Sulcus frontalis tenuis. Genae sine carina. Thorax muticus. Mesonotum sine sulcis convergentibus. Petiolus inermis segmento primo antice brevissime et late petiolato, postice incrassato et rotundato-quadrangulari, segmento secundo transverso-ovato. Unguiculi simplices. (Sec. exemplum Carebarae viduae Sm.)

Alae anticae cum cellula cubitali una, discoidali magna, costae cubitalis ramus externus conjunctus costae transversae; cellula radialis clausa.

1. C. LIGNATA, Westw.

Femina: Long. 18—19 mm. Nitida, ferrugineo-fulva; sparse et tenuiter, capite densius et fortius, punctata; angustata, abdomine elongato; alae infuscatae.

Java et Sumatra (Mus. Leyden), Java (Coll. Mayr).

32. PODOMYRMA, Smith.

♀. Mandibulae margine masticatorio dentato. Clypeus muticus. Antennae 11-articulatae; clava 3-articulata brevior quam funiculi caeteri articuli. Pronotum bidentatum. Thorax inter mesonotum et metanotum fortiter constrictus. Petioli segmentum 1. elongatum, supra medio saepe unidentato. Femora in medio fortiter incrassata, ad basim angustissima.

1. P. RUFICEPS, Smith.

Operaria: Long. 12 mm. Fusca, capite rufo, scapo nigricanti, funiculo fusco, thorace fusco-nigro; pilis erectis setaceis albido-testaceis haud sparse pilosa; mandibulae parte basali laevi, parte apicali superficialiter striata; clypeus, genae, frons et vertex longitudinaliter striata, capitis latera undulatim longitudinaliter striata; area frontalis laevis et nitidissima; frons foveola centrali; thorax rude longitrorsum rugoso-striatus, pronoto utrimque spina

obtusa, extra et paulo supra directa, metanoto denticulis 2 valde
approximatis; petioli longitudinaliter rugoso-striati segmentum 1.
supra medio dente erecto, acuto; abdomen laeve et nitidum.
(Sec. ex. typ.)

Mysole (Coll. Mayr).

2. P. sylvicola, Smith.

Operaria: Long. 7–7.2 mm.   Castanea, partim ferruginea;
subnuda; mandibulae leviter striatae; clypeus, frons et vertex
longitudinaliter striata, capitis latera longitrorsum et reticulatim
rugosa interstitiis subtiliter punctulatis; area frontalis subtiliter
striolata; thorax longitudinaliter rugoso-striatus, pronoto utrimque dente trigonali, mesosterno infra utrimque dente obtuso,
metanoto mutico irregulariter rugoso, parte declivi laevigata;
petioli striati segmentum 1. supra medio dente acuto erecto;
abdominis segmentum 1. rastratione densissima et microscopica
sericeo-micans; pedes sublaeves, nitidi. (Sec. ex. typ.)

Batjan, Morotai (sec. Smith), Aru (Coll. Mayr).

3. P. laeviceps, Smith in litt.

Operaria : Long. 7 mm.   Ferrugineo-rufa, capite, femoribus
tibiisque magis castaneis, abdomine nigricanti basi rufo; modice
pilosa; mandibulae striatae; caput subtiliter–, lateraliter fortius
longitrorsum striatum; area frontalis laevissima; thorax rude
longitudinaliter striatus, pronoto utrimque dente triangulari ob-
tusiusculo oblique antrorsum et extrorsum directo, metanoto
mutico parte declivi laevigata; petioli supra laevigati lateraliter
paulo striolati segmentum 1. supra medio conulo obtuso subden-
tiforme; abdomen nitidum segmento 1. laevi, segmentis ceteris
subtilissime coriaceo - et partim transversim - rugulosis; pedes
laeves, nitidi.

Waigeou (Coll. Mayr a D. Smith).

4. P. basalis, Smith.

Operaria: Long 6.5 mm.   Ferruginea, abdomine fusco-nigro,
abdominis parte basali superiori et macula quadrata basali infe-

riori testaceis, funiculo parte apicali fusca, femoribus tibiisque
rufo·flavis, femorum dimidio apicali et tibiarum apice fusco-
nigris; sparsissime pilosa; mandibulae superficialiter striolatae
punctulis dispersissimis; clypeus, frons et vertex regulariter
longitrorsum striata, capitis latera longitudinaliter rugosa; area
frontalis tota aut partim striolata; thorax longitudinaliter striatus,
pronoto utrimque dente trigonali, mesothorace utrimque dente
obtuso, metanoto mutico parte declivi laevigata; petiolus supra
striolatus et lateraliter nonnunquam subtilissime reticulato-punc-
tulatus, segmento 1. supra medio dente acuto; abdomen subtilissime coriaceo-rugulosum, ad basim acute subtilissime et densissime longitudinaliter striolatum aut rastratum; pedes laeves,
nitidi. (Sec. ex. typ.)

Mysole, Doree (Coll. Mayr), Aru, Amboina, Boero (sec Smith).

33. SOLENOPSIS, Westw.

☿ ♀ Palpi biarticulati. Clypeus postice rotundatus. Antennae
in ☿ 10-, in ♀ 11-articulatae cum clava magna biarticulata, in
☿ sutura pro-mesonotalis nulla (aut in ☿ maximis indistincta).
Metanotum inerme. Petioli segmentum 1. petiolatum, 2. nodiforme.

♂ Antennarum 12-articulatarum scapus brevissimus, funiculi
articulus 1. globosus. Mesonotum sine sulcis convergentibus.
Abdomen ovale.

Alae anticae cum cellula cubitali una; costae cubitalis ramus
externus conjunctus costae transversae; cellula radialis aperta;
cellula discoidalis subtrapezoidea.

1. S. geminata, Fabricius.

Operaria: Long. 5—6.4 mm. Nitida, aut rubro-testacea mandibulis saepe ferrugineis, aut castaneo-fusca capite antice antennis
tarsisque rubro-testaccis; longe et copiose pilosa; mandibulae
acute striatae; caput laeve punctis dispersis piligeris, apud ☿
maximas sulco mediano a clypeo ad foramen occipitale extenso;
clypeus carinis 2 longitudinalibus acutis percurrentibus antice in
singulum dentem acutum terminatis, spatio intermedio trans-

versim concavo et laevissimo; thorax supra laevis, metanoti parte declivi transversim striata, mesothoracis et metathoracis lateribus striato-rugulosis; petiolus laevis aut sublaevis; abdomen laeve.

Femina: Long. 8--9 mm. Nitida, aut rubro-testacea mandibulis nigro-ferrugineis, mesonoto striis 3, abdomine supra fasciis 5 plus minusve distinctis infuscatis, aut castaneo-fusca capite antice, antennis pedibusque plus minusve rubro-testaceis ; longe et copiose pilosa; caput ut in Operaria; thorax laevis punctis dispersissimis piligeris, metathoracis lateribus subtiliter striatis et paulo rugulosis, metanoti parte declivi transversim striolata ; petiolus subtiliter rugulosus; abdomen laevigatum; alae hyalinae, costis testaceis.

Mas: Long. 6 mm. Nitidus, aut rubro-testaceus, capite abdomineque plus minusve fusco-castaneis, aut castaneo-fuscus , mandibulis, antennis, thorace infra pedibusque testaceis; copiose pilosus; mandibulae bidentatae, indistincte striolatae; caput rugulosum; clypeus sublaevis sine carinis, parte mediana fortiter convexa, medio paulo deplanata; area frontalis distincta, sublaevis; thorax crassus, laevis punctis dispersissimis, metathoracis lateribus subtiliter rugulosis; petioli segmentum 1. subtiliter coriaceo-rugulosum, supra postice carina alta transversa acuta plus minusve emarginata, segmentum 2. transversum et laeve; abdomen laeve; alae hyalinae costis testaceis.

Von Herrn Smith besitze ich von dieser Art ein Weibchen unter dem Namen Crematogaster laboriosus Sm. von der Insel Batjan, so wie 2 Arbeiter unter dem Namen Myrmica saevissima Sm. ohne Vaterlandsangabe.

34. OLIGOMYRMEX, Mayr. nov. gen.

Fig. 11.

2 *Solenopsidi* simillima differt solummodo clypeo mutico postice obtusangulo, antennis 9-articulatis, alarum cellula discoidali subrhomboidea.

Nach dem Habitus und den meisten Merkmalen könnte diese Gattung ganz gut mit Solenopsis vereinigt werden, wenn nicht insbesondre die Anzahl der Fühlerglieder abweichen würde, indem bei der neuen Gattung die Fühler neungliedrig sind, wärend das Weibchen von Solenopsis eilfgliedrige Fühler hat.

1. O. CONCINNUS, nov. spec.

Femina: Long. 4 mm. Nitida, testaceo-rufa, segmentorum abdominalium marginibus posticis pedibusque pallidioribus; sparse pilosa, abdomine insuper longe pubescenti; mandibulae 5-dentatae, laevigatae, punctis nonnullis; caput subtiliter haud dense longitrorsum striolatum, genis densius striatis, clypei medio impresso laevissimo; thorax laevigatus; petioli laevigati nodus primus margine superiori transverso incrassato recto, nodus secundus supra convexus; abdomen laevigatum; alae paulo infuscatae costis ochraceis.

Coloniae indo-neerlandicae (Mus. Leyden).

35. MYRMICARIA, Saunders.

(*Physalla*, Sm. *Heptacondylus*, Sm.)

☿ ♀ Palpi triarticulati. Antennae 7-articulatae. Metanotum bispinosum. Petioli mutici segmentum 1. antice petiolatum, 2. nodiforme.

♂ Mandibulae breves, angustae, apice dente obtuso. Antennae 13-articulatae scapo brevi; funiculus filiformis articulis 1. brevissimo et 2. longissimo. Thorax muticus, mesonoto cum sulcis 2 convergentibus. Abdomen subcordiforme.

Alae anticae cum cellula cubitali; costa cubitalis in furcae initio conjuncta costae transversae; area radialis aperta.

1. M. CARINATA, Smith.

Operaria: Long. 6.5—7.4 mm. Nitida, obscure ferruginea, abdomine nigrofusco, robusta, copiose fusco-pilosa; mandibulae dense striatae; caput striis elevatis longitudinalibus haud copiosis interstitiis laevibus; scapus dense striatus, basi non angustatus; thorax longitudinaliter striatus, metanoti partibus basali et declivi laevibus; pronotum utrimque infra dente robusto; petiolus et abdomen laevia.

Femina: Long. 11.5 mm. Sordide ferruginea, antennis, pedibus, abdomineque plus minusve fuscis; fusco-pilosa, robusta; mandibulae dense striatae; caput striis elevatis longitudinalibus modice copiosis; scapus subtiliter striatus, basi non angustatus; pronotum striato-rugosum utrimque infra dente robusto, mesonotum parte antica fortiter reticulato-rugosa, lateribus et parte postica longitrorsum rugoso-striata; scutellum reticulato-rugosum; metanotum rugosum spinis 2 fortibus triangularibus; petiolus subtiliter at dense striato-rugosus; abdomen laeve; alae infuscatae.

Java (Mus. Leyden), Borneo (sec. Smith), Tranquebar (Coll. Mayr a D. Drewsen), Ceilon (Coll. Mayr a D. Sichel et Roger).

Von der nächstfolgenden M. subcarinata Sm. ist der Arbeiter unterschieden durch stämmigeren Körperbau, braune Behaarung, stärker gestreiften Kopf, etwas dickeren und dicht gestreiften Fühlerschaft und durch etwas längere Dornen des Metanotum. Vielleicht erweist sich diese Art späterhin nur als Varietät von M. subcarinata.

2. M. subcarinata, Smith. (*Physatta dromedarius* Sm.)

Operaria: Long. 6.2 – 6.5 mm. Nitida, rufa, abdominis parte apicali fuscescenti; copiose flavido-pilosa; mandibulae dense striatae; clypeus laevis; frons et vertex striolis raris elevatis longis, interstitiis laevibus; genae fortius striatae; scapus haud dense striatus basi angustatus; thorax striis longitudinalibus elevatis, metathorace fere toto laevi; pronotum utrimque infra dente robusto; petiolus sublaevis; abdomen laeve.

Femina: Long. 1.2—1.5 mm. Rufo-ferruginea, antennis, abdomine, tibiis tarsisque plus minusve fuscis; robusta, copiose flavido-pilosa; mandibulae dense striatae; caput rugis longitudinalibus, vertice rugis divergentibus et nonnunquam curvatis; scapus paulo striolatus; thorax longitudinaliter striatus; pronotum utrimque infra dente robusto; metanotum spinis 2 robustis subhorizontalibus, paulo inclinatis; petiolus striato-rugulosus; abdomen laeve; alae infuscatae.

Java (Mus. Leyden et Holm.), Borneo (sec. Smith).

5. M. RUGOSA, Smith.

Operaria: Long. vix 6 mm. Nitida, obscure castaneo-fusca, mandibulis funiculo tarsisque (metatarsis exceptis) pallidioribus; nigro-fusco-pilosa; caput dense longitudinaliter striatum; scapus gracilis et striatus; thorax fortiter longitrorsum striatus; pronotum utrimque infra dente robusto; metanotum spinis 2 subhorizontalibus, longis, acutis, parte declivi laevi; petiolus subtiliter longitrorsum striatus; abdomen subtilissime et superficialiter coriaceo-rugulosum, postice laeve. (Sec. ex. typ.)

Batjan (Coll. Mayr), Key, Nova Guinea (sec. Smith).

Diese Art stimmt im Habitus und in Bezug des Fühlerschaftes mit M. subcarinata überein, unterscheidet sich aber von dieser und von M. carinata durch die Färbung, die dichte Streifung des Kopfes und des Thorax, durch das gestreifte Stielchen und den bei Anwendung einer starken Loupe äusserst fein aber deutlich lederartig gerunzelten Hinterleib. Mit M. nigra Mayr hat diese Art die grösste Verwandschaft, unterscheidet sich aber von dieser durch die dunkle Behaarung, den nur längsgestreiften Thorax, durch den längsgestreiften Petiolus und den vorne und in der Mitte fein lederartig gerunzelten Hinterleib.

4. M. LONGIPES, Smith (*H. arachnoides* Sm.)

Operaria: Long. 6—6.4 mm. Nitida, rufo-castanea, antennarum apice, articulationibus pedum tarsisque (metatarsis exceptis) pallidis; flavido-pilosa, gracillima, antennis pedibusque valde elongatis; mandibulae laeves punctis nonnullis; caput laeve, frons, vertex et scapus punctis dispersis elevatis piligeris; pronotum medio laeve aut sublaeve et paulo concavum, lateribus tuberculo singulo distincto et carinulis nonnullis, infra supra coxas muticum; mesonotum disco subconcavo, sublaevi, carinato-marginato; metanotum lateraliter reticulato-rugulosum spinis 2 longis acutis; petioli segmentum 1. antice longe petiolatum nodo paulo striato, segmentum 2. laeve; abdomen laeve.

Femina: Long. 9—10 mm. Nitida aut testacea, scapo, tibiis, metatarsis et abdominis maxima parte plus minusve fuscis, aut castanea vel fusca praecipue thorace petioloque testaceo-variegatis; flavido-pilosa, gracilis, antennis pedibusque elongatis; mandibulae laeves punctis nonnullis; caput laeve utrimque inter laminam frontalem et oculum rugis nonnullis; pronotum inerme, laeve et partim rugulosum; mesonotum antice laeve; postice rugis longitudinalibus; scutellum rugulosum impressione mediana indistincta laevi; metanotum rugulosum spinis 2 subparallelis, parte declivi sublaevi; petioli segmentum 1. gracile petiolatum et nodo postice transversim striato-rugoso, segmentum 2. disco sublaevi; abdomen laeve; alae mediocriter infuscatae.

Mas: Long. 5.5 mm. Nitidus, pallide fuscus, funiculo tarsisque testaceis; flavido-pilosus, gracilis pedibus valde elongatis; caput sublaeve, thorax laevis lateribus paulo et subtiliter rugulosis; petiolus et abdomen laevia; alae modice infuscatae.

Java (Mus. Leyden), Borneo (sec. Smith).

b. Laminae frontales in medio partis anticae capitis; fossa antennalis externe sine carina; clypeus postice non inter antennarum articulationes intersertus.

36. SIMA, Roger.

☿ Antennarum 12-articulatarum funiculus non clavatus. Caput antice plus minusve oblique truncatum. Oculi circiter tertiam capitis laterum partem occupantes. Laminae frontales fortiter approximatae.

1. S. RUFONIGRA, Jerdon.

Operaria: Long. 9—11 mm. Rufa, capite fusco aut nigro, mandibulis, antennis et saepissime capitis margine antico rufis, petiolo aut toto castaneo aut solummodo segmento 2., abdomine fusco aut fusco-nigro, coxis et femoribus omnibus atque tibiis posterioribus plus minusve castaneis; pallide pilosa et pubescens; mandibulae rude at haud profunde striatae; caput dense punctatum interstitiis subtilissime coriaceo-rugulosis; clypeus rugulosus parum prominens; ocelli distincti; thorax dense et subtiliter reticulato-punctatus, inter mesonotum et metanotum sulco lato transverso; pronotum angulis anticis rectangularibus; metanotum pronoto et mesonoto ad unum aequilongum; petioli segmentum 1 dense et subtiliter reticulato-punctatum et punctis majoribus superficialibus dispersis, antice breviter depresso-petiolatum, postice nodo elongato ovato, segmentum 2. subtiliter punctulatum, pyriforme; abdomen subtiliter punctulatum; pedes pilis nonnullis abstantibus.

Ceylon (Coll. Mayr a D. Sichel), Kar Nikobar (Mus. Vienn.), Sumatra.

2. S. COMPRESSA, Roger.

Operaria: Long. 4—5 mm. Nitida, nigra, antennis, articulationibus pedum tarsisque testaceis, mandibulis, clypeo, laminisque frontalibus antice rufescentibus, coxis, femoribus tibiisque fuscescentibus; vix pilosa; mandibulae parte apicali distincte striatae, marginibus externo et interno subparallelis, margine masticatorio dentibus 4 nigris; clypeus brevis transversim fortiter fornicatus, medio lobo producto antice subdenticulato setulis ciliato a mandibulis longe distanti; caput laeve punctulis nonnullis dispersissimis, utrimque inter laminam frontalem et oculum genisque subtilissime rugulosum et punctulis nonnullis dispersissimis; ocelli nulli; pronotum sublaeve (indistinctissime coriaceo-rugulosum punctulis nonnullis subtilissimis), supra deplanatum, paulo convexum, utrimque obtuse marginatum; mesonotum supra disco sublaevi lateraliter et postice margine carinaeformi postice medio interrupto confinito, metanotum, a mesonoto sulco transverso profundo, separatum, fortiter lateraliter compressum. elevatum, longius quam latius, rugulosum, dorso sublaevi; petioli segmentum 1. antice petiolatum, postice nodo laevi pyriformi, segmentum 2. laeve, pyriforme, segmenti primi nodo latius; abdomen antice laeve, postice valde delicatule coriaceo-rugulosum.

Von Herrn Smith besitze ich 2 Arbeiter von Batjan unter dem Namen Pseudomyrma insularis Sm. Herr Roger erhielt diese Art aus Ceylon.

c. Laminae frontales in capitis margine laterali.

37.   MERANOPLUS, Smith.

⚥ ♀ Mandibulae trigonae, dentatae. Laminae frontales rectae capitis angulos posticos fere attingentes. Fovea antennalis recta, scapum fere occultans, terminans inter oculum et laminam frontalem. Antennae 9-articulatae. Alae anticae cum cellula cubitali.

1.   M. mucronatus, Smith.

Operaria: Long. 7 mm. Ferruginea, abdomine nigro; copiose et longe pilosa; caput rude reticulatum, clypeo longitudinaliter rugoso, area frontali sublaevi nitidissima ; thorax brevissimus, cuboideus, disco superiori maximo, explanato, a pronoto et mesonoto formato, plano, rude reticulato, spinis 4 horizontalibus longis, angulis disci respondentibus, margine postico inter spinas posticas spinulis 2 minutis; metanotum subverticale, vix ad thoracis longitudinem conferens, sublaeve, nitidissimum, spinis 2 gracilibus, curvatis, acutis; thoracis latera rugulosa, nitida ; petioli segmentum 1. supra squama parum rugulosa, erecta, a latere visa cuneiformi, margine superiori acuto, segmentum 2. supra nodo erecto, subsquamiformi, reticulato, antice verticale abrupto, postice rotundato-declivi ; abdomen cordiforme, opacum, densissime et subtilissime reticulato-punctatum, pedes nitidi femoribus laevigatis, tibiis striolatis.

Sumatra (Mus. Leyden), Borneo, Malacca (sec. Smith).

TAFEL 2.

Fig. 1. Camponotus laevissimus Smith ☿, von der Seite gesehen.

» 2a. Polyrhachis spinosa Mayr ☿, Thorax u. Stielchen v. d. Seite.

» 2b. » » » ♀, » » » » » »

» 3a und b. » merops Smith ☿, Schuppe des Stielchens von hinten.

» 4. Polyrhachis regularis Mayr ♀, Kopf von oben.

» 5a. » excisa Mayr ♀, Thorax von oben.

» 5b. » » » », Schuppe von hinten.

» 6. » laminata Mayr ♀, Kopf von oben.

» 7. Colobopsis quadriceps Smith ☿, Thorax u. Stielchen von der Seite.

» 8. Iridomyrmex excisus Mayr ☿, Thorax u. Stielchen von der Seite.

» 9. Ectomomyrmex javanus Mayr ☿, Thorax von der Seite.

» 10. Cremastogaster edentata Mayr ♀, Stielchen von oben.

» 11. Oligomyrmex concinnus Mayr ♀, Fühler.

www.ingramcontent.com/pod-product-compliance
Lightning Source LLC
Chambersburg PA
CBHW020307090426
42735CB00009B/1255